KB097815

통^{하는 학교} 통 ^{하는 교실을 위한}

교사

리더십

통하는 학교, 통하는 교실을 위한 교사 리더십

초판 1쇄 발행 | 2008년 10월 24일
초판 3쇄 발행 | 2012년 11월 1일

지은이 | 함영기
펴낸이 | 최 건
마케팅 | 최현혜
펴낸곳 | ㈜아리수에듀
출판신고 | 2008년 2월 21일 제2008-000010호

바로세움은 ㈜아리수에듀의 출판 브랜드입니다.

주소 | 서울시 금천구 가산동60-4 코오롱테크노밸리310호
전화 | 02)878-4391
팩스 | 02)878-4392
홈페이지 | www.arisuedu.co.kr

ISBN 978-89-93307-31-3 93370

소통하는 학교 통하는 교실을 위한

통통 교사 리더십

함영기 지음

바로세움

지금부터 저는 선생님과 '교사 리더십'에 대한 이야기를 나누고 자 합니다. 제가 일방적으로 선생님께 드리는 말씀이 아니라 말 그대로 '나누는 이야기'입니다. 제가 '교사 리더십'을 주제로 선 생님들과 만나게 된 것은 2005년 8월 경 교컴(http://eduict.org)의 '교사를 위한 리더십 특강'을 통해서였습니다. 먼저 그 당시에 제가 왜 교사를 위한 리더십 특강을 하게 되었는지 말씀을 드려 야 할 것 같군요.

가장 직접적인 계기는 교컴 회원 선생님들의 요구였습니다. 제가 교컴을 통하여 선생님들과 만나기 시작한 것이 1997년 8월 이었습니다. 처음에는 주로 교육문제를 토론하는 개인 홈페이지 로 출발을 하였지만 당시에 교육현장에 불어온 교육정보화 바 람, ICT 활용교육의 도입 등과 맞물려 교컴도 교육자료와 커뮤니 티가 공존하는 사이트로 변화되어 갔습니다. 양적, 질적으로 성 장을 거듭하던 교컴은 2003년 대한민국 온라인 커뮤니티 비엔날 레에서 대상을 수상하였고, 2004년에는 교육박람회에 참여하여 한 달 동안 전국을 순회하기도 했습니다. 교육박람회 참여의 성과는 곧 교컴을 명실상부한 온라인 교사공동체로 우뚝 서게 하였습니다.

이때부터 저에게 요청되는 강의 주제에 '리더십'이라는 단어가 등장하기 시작했습니다. 강의를 요청하는 측에서는 교컴이라는 거대한 온라인 조직을 운영하는 방법이나 사례가 궁금했을 것입니다. 또한 학생과 동료교사들 사이에서 발휘되는 교사 특유의 실천적 리더십에 대한 이야기도 듣고 싶었을 것입니다.

그런데 여기저기서 청하는 강의에 모두 응해 드릴 수는 없는 노릇이어서 보다 많은 회원 선생님들과 더 쉬운 방법으로 리더십에 대한 이야기를 나눌 수 없을까라는 고민을 하게 되었습니다. 이러한 고민은 교사를 위한 리더십 강의를 온라인으로 진행하면 어떨까라는 생각에 이르게 되었고, 그동안의 문제인식을 묶어 온라인으로 교사 리더십 강의를 시작하게 되었습니다.

온라인 기반의 리더십 강좌를 시작하면서 시중에 나와 있는 기존의 리더십 문헌들을 검토해 본 결과 두 가지의 문제점을 발견하였습니다.

하나는 경영학 쪽에서 시작된 리더십 이론으로 '성과지향적 리더십'이라 부를 수 있는 것들에서 발견되는 문제였습니다. 나름대로 조직운영이나 의사소통에 기초한 리더십 체계를 세우고 있지만 목표 자체가 '성과' 내지는 '성공'이어서 이를 그대로 교사에게 적용하는 것은 무리라고 보였습니다.

다른 하나는 교육 분야에 적용되는 리더십 문헌들에서 발견되는 것인데 지나치게 교사의 '개인적 헌신'을 바탕에 깔고 있다는 것이었습니다. 교사의 헌신과 희생이 리더십의 중요한 덕목 중 하나임은 분명합니다. 하지만 개인의 희생을 바탕으로 이루어지는 리더십은 썩 바람직하지 않다는 생각이 들었습니다. 교사를 둘러싼 제도와 관행의 문제, 형식과 환경의 문제 등은 여전히 바람직한 리더십을 가로막는 요소로 작용하고 있는 것이 엄연한 사실입니다. 이런 조건을 무시하고 교사 개인이 성실하게 헌신하면 바람직한 리더십이 발휘될 수 있다고 보는 시각은 분명한 한계를 갖습니다. 헌신과 희생만을 강조하는 리더십은 잘못된 관행이나 제도를 온존, 강화하는 데 일조합니다.

그래서 교사에게 요청되는 리더십에 대한 깊은 고민을 하게 되었고, 이러한 고민은 교사를 주체로 세우면서도 주관의 함정에 빠지지 않는 방법을 찾게 만들었습니다. 여기까지가 온라인을 기반으로 '교사를 위한 리더십 특강'을 진행하게 된 동기입니다.

처음 1강이 나가자마자 선생님들께서 댓글로 의견을 피력하기 시작하였습니다. 제가 처음 썼던 한글 용어가 '리더쉽'이었는데 이 용어를 두고도 한글 맞춤법에 맞게 '리더십'으로 해야 한다는 의견에서부터 본인이 생각하는 리더십의 개념까지 다양한 의견들이 올라왔습니다. 지역과 시간을 초월하여 서로의 의사소통으로 내용을 더욱 풍부하게 하면서 방향을 잡아가는 것이 가능하게 된 것이지요. 그렇게 하여 온라인으로 리더십 강좌를 진행한 것이 벌써 만 3년이 되었습니다.

그리고, 이제 지면을 통하여 선생님과 만나게 되었습니다. 제가 드리는 말씀은 크게 3부로 나뉘어져 있습니다. 1부에서는 교육환경의 변화와 교사의 존재에 대하여 고민해 보고, 꽤 넓게 퍼져있는 성과지향적 리더십과 자기희생적 리더십을 비판적으로 검토해 보겠습니다. 2부에서는 제가 말씀드리고자 하는 리더십의 방향과 철학을 여덟 꼭지로 나누어서 살펴봅니다. 3부에서는 교사로서 가져야 할 리더십의 실제에 대한 이야기를 나눕니다. 각 부, 각 장들은 서로 밀접한 연계를 갖지만 독립적인 완결구조를 가지고 있습니다. 따라서 선생님께서는 어느 장부터 먼저 읽으셔도 상관이 없습니다. 3부의 실제를 먼저 읽고 1, 2부를 보셔도 좋고 그냥 처음부터 읽어도 됩니다. 읽는 도중에 언제든지 교컴에 접속하셔서 리더십 강좌에 의견을 올려주십시오. 모두 함께 만들어가는 리더십 이야기에 동참하시는 것은 또 하나의 즐거움일 것입니다.

이 책을 완성하기까지 많은 선생님들과 인터뷰를 진행하였습니다. 책의 말미에 밝혔지만 본인의 경험을 솔직하게 말씀해 주신 덕에 단행본이 생생한 사례로 넘치게 되었습니다. 무엇보다 제 교직 경력 속에서 실패하고 좌절한 경험들이 훌륭한 소재가 되었습니다. 따라서 이 이야기는 선생님과 나누는 소통이자 제 교직 경험을 반성적으로 성찰하는 과정이기도 합니다.

'통하는 학교, 통하는 교실'에서 이야기하는 '통(通, Communication)'은 서로의 의사가 막힘없이 잘 전달되어 오해가 없다는 뜻입니다. 제가 리더십 이야기를 준비하면서 알아본 바에 의하면 선생님들께서 가장 소망하시는 학교는 '의사소통이 잘 되는 학교'였습니다. 또한 가장 소망하는 교실은 '학생끼리, 또 교사와 학생 간에 이야기가 잘 통하여 갈등이 적은' 교실이었습니다. '소통'이라는 키워드는 제가 드리는 리더십 이야기의 처음과 끝을 관통하는 방향이자 철학 같은 것입니다.

활자를 통하여 독자를 만나는 것은 가슴 설레는 일이지만 한 편으로 두렵고 떨리는 과정입니다. 최종 탈고 후에 읽고 또 읽어 봐도 부족한 점이 너무 많습니다. 그러나 선생님들을 믿기로 했습니다. 제가 드리지 못한 이야기는 선생님들께서 채워주실 몫입니다. 그것이 소통이고 나눔이라고 생각합니다. 어쩌면 영원히 여백으로 선생님들과 저 사이에 남아 있을지도 모를 그 공간이 늘 현재 진행형이기를 소망합니다.

2008년 9월 목동 연구실에서

함영기 올림

| 차례

1부

"**교사들에게도** 리더십이 요구됩니다. 한 학급을 이끌어나가는 경우에도, 동료교사들과 함께 연구 과제를 수행하거나 특정의 단체를 이끌어 나갈 때에도 리더십은 필요합니다. 한 학급이, 또는 한 단체가 그 목적을 무사히 완수함에 있어 리더십의 비중은 절대적이라고 볼 수 있습니다. 그러나 교육이 갖는 몇 가지의 특수성으로 인해 교사에게 요구되는 리더십은 일반적인 리더십과는 다른 요소들을 포함합니다. 우선 교육의 효과는 즉시 나타나는 경우보다 서서히 나타나는 경우가 많다는 점입니다. 또 인간 행동의 변화라는 것은 눈으로 확인할 수도 있지만 인간의 생활 혹은 타인과의 관계 속에 용해되기 때문에 측정하여 보여줄 수 없다는 **것입니다.**"

1 변화, 그리고 교사

세 교사의 고민

[사례 1] 교직 경력 20년차인 김 선생님은 요즘 고민에 빠져있습니다. 지금까지 나름대로 보람된 교직생활을 해 왔다고 자부하던 터였는데 최근 들어 수업이 힘들다는 생각이 들기 시작했습니다. 담당교과가 수학인 김 선생님은 교재연구를 소홀히 한 적도 없었고 어떻게 하면 아이들이 어려운 수학적 원리나 개념을 쉽게 이해할 수 있을까를 늘 고민하면서 수업에 임해 왔다고 생각해 왔습니다. 그런데 특별한 이유도 없이 아이들과 소통되는 느낌이 들지 않으면서 수업이 피곤해지고, 그러다 보니 아이들 보기가 점차 두려워지는 것이 여간 고민되는 것

이 아닙니다. 교과내용에 대한 풍부한 이해, 그리고 잘 전달하는 능력, 이 두 가지만 있으면 우수한 교사라고 생각 했는데 그 외에 또 어떤 능력이 필요한 것인지 김 선생님은 답답할 뿐입니다.

[사례 2] 이제 교단에 선지 3년이 되는 새내기 박 선생님은 학급운영에 대한 걱정이 큽니다. 교과 수업은 각종 매체를 활용하기도 하고, 온라인학습방도 개설하여 나름대로 재미있게 진행하고 있는 편인데, 정작 본인이 담임을 맡고 있는 학급에만 들어가면 갑갑하기만 합니다. 늘 어지럽혀져 아무도 돌보지 않는 교실 환경, 따돌림 문제, 심심하면 폭행 사고에다 어제는 도난 사건까지…. 한마디로 바람 잘 날이 없습니다. 학생들도 담임을 신뢰하는 것 같지 않다는 느낌이 들어서 우울합니다. 혹시 나의 리더십에 문제가 있는 것이 아닐까 생각도 해보지만 주변에 도움을 청할만한 선배 교사도 없고 마땅히 참고할만한 자료도 없는 것이 더욱 안타깝습니다.

[사례 3] 최 선생님(초등, 45세)은 자타가 공인하는 전문가 교사입니다. 그는 수업개선 연구도 많이 했고, 관련 서적도 많이 읽었으며 다른 교사들을 위하여 교육연수원에서 강의도 합니다. 늘 자신감 있게 아이들과 학급운영을 해 나가고 수업에서도 다양한 방법을 시도하면서 스스로 만족감을 느끼고 있습니다. 최

선생님은 수업에 어려움을 느낀 다른 교사들도 자신의 문제를 솔직하게 이야기하고 필요하다면 수업도 공개하면서 서로 토론을 하면 좋을 것이라고 생각하고 있습니다. 자신은 수업분석에 관한 이론이나 실제에 대한 공부가 되어 있기 때문에 동료교사들에게 도움을 줄 수 있을 것이라고 생각하고 있는 것이지요. 그런데 문제는 동료교사들의 도움 요청이 없다는 것입니다. 더욱 놀라운 것은 전문가인 최 선생님보다는 옆 반의 이 선생님에게 의논을 청하는 경우가 많다는 것입니다. 최 선생님이 알고 있는 이 선생님은 학급운영이나 수업에 있어서 탁월한 능력이 있다고는 생각하지 않았던 터라 당혹감을 느끼고 있습니다. 그래서 동료교사들이 자신보다는 이 교사와 대화를 나누기를 원한다는 것에 대하여 때로 자존심이 상하기도 합니다.

[사례 1]에서 본 김 선생님은 교사의 수업전문성을 '풍부한 교과지식과 수업기술'로 보고 있는 듯합니다. 대체로 김 선생님은 그러한 수업전문성의 개념에 맞게 실천해 온 것으로 보입니다. 그런데 무엇이 김 선생님의 수업을 점점 힘들게 하고 있을까요? 좋은 수업이란 교과지식을 잘 전달해야 한다는 관점에서 보면 여전히 김 선생님은 능력 있는 교사입니다. 다만, 김 선생님은 풍부한 교과지식과 잘 전달하는 기술 외에 교육환경의 변화에 따라

새롭게 갖추어야 할 '또 다른 능력'에 대한 관심이 좀 늦었을 뿐이지요.

[사례 2]의 박 선생님은 수업보다는 학급운영에 대한 고민이 더 큰 경우입니다. 보통 새내기 교사들에게서 자주 나타나는 학급 안의 여러 상황들에 대한 대처 능력이 떨어지다 보니 우왕좌왕하기 일쑤이고 학생들의 신뢰도 떨어져 있는 것이지요. 주변에 박 선생님에게 도움을 줄 만한 동료교사가 있다면 좋겠지만 현재는 그런 형편도 아닌 것 같군요. 학교라는 공간은 교사들이 자신의 교실에서 각자 고립된 채 개별적 실천에 의존하게 하는 독특한 문화가 있습니다. 수업이나 학급운영과 관련한 문제에 대하여 동료교사들과 허심탄회하게 이야기하고 싶지만 막상 주변을 둘러보면 선뜻 의견을 구할만한 선배교사, 동료교사가 눈에 뜨이지 않지요. 학급운영 방식을 개선하겠다는 마음을 먹은 박 선생님에게 우리는 어떤 조언을 할 수 있을까요?

[사례 3]의 최 선생님의 경우를 봅시다. 드물기는 하지만 이러한 유형의 교사는 다른 교사들에게 영향력을 많이 발휘하고 있다는 점에서 우리가 주의 깊게 살펴볼 필요가 있습니다. 최 선생님에게 도대체 어떤 문제가 있는 것일까요? 최 선생님은 자타가 공인하는 전문가 교사임이 확실한데 왜 정작 주변의 교사들이 쉽게 접근하지 못

하는 것일까요? 주변교사들에게 자신을 편안하게 느끼도
록 하고 싶은데 좋은 방법이 없을까요?

위에서 살펴본 세 가지의 사례는 급격하게 변화하고
있는 교육환경 속에서 교사들이 가질 수 있는 혼돈과 고
뇌를 압축하여 표현하고 있습니다. 우리를 둘러싸고 있
는 교육환경의 변화는 지식을 효과적으로 전달하는 것에
초점을 두었던 과거의 수업 전문성 개념을 극복하여 새
롭게 재개념화할 것을 요청하고 있습니다. 또한 학생 및
동료교사와의 연계 속에서 융화되지 못하는 교사의 능력
은 더 이상 힘을 발휘할 수 없음을 암시합니다.

교육환경의 변화와 교사

정답은 없습니다. 학교와 교사, 학생을 둘러싼 변화의 물
결이 있고 그 변화를 받아들이는 방식의 차이가 있을 뿐
이지요. 최근 10년간 학교와 학생들에게는 참으로 많은
변화가 있었습니다. 우리가 좀더 쉽게 체감할 수 있는 변
화도 있었고, 알게 모르게 우리 삶 깊숙이 파고들어 영향
을 미치는 변화도 있었습니다.

교육과정의 변화, 정보화 인프라의 도입과 ICT 활용교
육의 일상화로 특징지어지는 학교환경 및 학습방식의 변

화가 우리가 쉽게 체감할 수 있는 변화들입니다. 인터넷이 우리 삶의 큰 부분으로 자리 잡게 되면서 청소년들의 소통방식과 문화가 많이 변하였습니다. 교사와 학생을 막론하고 지식을 획득하고 축적하는 방식에도 많은 변화가 있습니다. 과거에는 본인의 교과에 대하여 깊은 이해를 가지고 잘 전달하면 능력 있는 교사라고 하였지만 이제 교사 전문성의 개념이 더욱 확장되고 있습니다. 네트워크의 발달과 지식 축적 방식의 변화는 교사들에게도 통합적, 연계적 수업 전문성을 요구하고 있습니다. 결핍 상황을 보완하고 처방하던 과거의 수업장학 방식은 최근에는 의사소통을 중심으로 하는 동료코치(peer coaching) 방식으로 변하고 있습니다. 이런 변화들이 생각보다 빠르게 진행되고 있다는 점에 주목할 필요가 있습니다.

어떤 변화가 있을 때 나타나는 교사들의 반응은 몇 가지로 집약됩니다. 변화의 물결에 빠르게 편승하는 적응력이 뛰어난 교사가 있는가 하면, 어떤 변화인지조차 감을 잡지 못하고 옛 방식을 고수하다가 지쳐가는 유형의 교사가 있습니다. 그런가하면 변화되고 있는 측면과 교육의 근본 목적을 통합적으로 이해하여 자기 것으로 소화하는 교사도 있습니다.

이 책을 읽는 일선학교의 선생님들, 그리고 앞으로 교사를 꿈꾸고 있는 예비교사들과 함께 고민하고 싶은 점이 바로 이것입니다. 변했으면 무엇이 변했고, 변화에도 불구하고 우리가 견고하게 잡고 있어야 할 교육의 근본 원칙은 무엇이며, 무엇을 어떻게 다잡고 실천해야 하는지 함께 고민해보자는 것이 제 의도입니다. 그런데 기존의 '교사 전문성' 범주만으로는 담을 수 없는 교사들에게 필요한 독특한 능력이 있습니다. 의사소통 능력, 리더십, 상황 적응력 같은 개념들은 교사의 능력을 알아보기 위한 중요한 요소가 되어 가고 있습니다.

선생님과 이야기를 나누어가는 도중에 전반적으로 저는 많은 문제의식을 던지게 될 것입니다. 그리고 제가 만난 교사들의 이야기를 함께 들어볼 것입니다. 그 중에는 선생님께서 동의하는 것도 있고 아직은 찬성표를 던지기 힘든 부분도 있을 것입니다. 서로 다른 의견들이 모여서 풍부하고도 알찬 이야기보따리를 만들어가는 것이 지금부터 선생님과 제가 해야 할 일입니다.

리더십

대형 서점에 가보면 리더십 관련 서적만을 따로 모아 판매하는 곳이 있을 정도로 리더십은 현대 사회를 살아가는 모든 사람들이 갖추어야 할 능력으로 부각되는 느낌입니다.

백과사전을 보니 리더십(leadership)은 '집단의 목표나 내부 구조의 유지를 위하여 성원(成員)이 자발적으로 집단 활동에 참여하여 이를 달성하도록 유도하는 능력'이라고 나와 있군요. 리더십에 관한 전통적 연구들을 보면 리더가 선천적으로 지도자의 자질을 타고 난다는 '특성적 접근', 성공적인 리더는 어떻게 행동하는가를 연구하는 '행동적 접근', 지도자가 리더십을 발휘하는 상황적 맥락을 연구하는 '상황적 접근' 등 몇 가지의 접근 방식이 있습니다. 리더가 가진 지위와 권한을 이용하여 구성원에게 영향력을 행사하는 것에 초점을 두는 위와 같은 전통적 접근방식은 영향력 발휘의 주체를 리더에게 두는 까닭에 구성원은 주변인이 될 수밖에 없습니다.

전통적 리더십의 문제를 해결하기 위해 최근 '사람을 활용하는' 리더십으로부터 '사람을 계발하는' 리더십으로의 전환 요구가 강하게 나타나고 있습니다. 그 중 대표적인 것이 변혁적 리더십, 문화적 리더십, 윤리적 리더십, 참여적 리더십 등(윤정일, 2006)이라고 할 수 있습니다. 리더십에 대한 접근방식을 새롭게 모색하고자 하는 이런 움직임은 변화를 촉진하는 과정에서 리더와 구성원의 능력이 계발된다는 가정, 조직의 문화가 구성원들에게 내면화될 때 조직의 목적이 잘 달성될 수 있다는 가정,

지도자의 도덕성이 더욱 중요한 요소가 되고 있다는 가정, 이끄는 것이 아니라 함께하는 것이 더욱 설득력이 있다는 가정에 기초하고 있습니다.

교사에게 요구되는 리더십

교사들에게도 리더십이 요구됩니다. 한 학급을 이끌어나가는 경우에도, 동료교사들과 함께 연구 과제를 수행하거나 특정의 단체를 이끌어 나갈 때에도 리더십은 필요합니다. 한 학급이, 또는 한 단체가 그 목적을 무사히 완수함에 있어 리더십의 비중은 절대적이라고 볼 수 있습니다. 그러나 교육이 갖는 몇 가지의 특수성으로 인해 교사에게 요구되는 리더십은 일반적인 리더십과는 다른 요소들을 포함합니다. 우선 교육의 효과는 즉시 나타나는 경우보다 서서히 나타나는 경우가 많다는 점입니다. 또 인간 행동의 변화라는 것은 눈으로 확인할 수도 있지만 인간의 생활 혹은 타인과의 관계 속에 용해되기 때문에 측정하여 보여줄 수 없습니다.

연구 과제를 수행할 때 리더십이 뛰어나다는 평가를 받는 교사는 일감을 잘 분배하고 수합하며 정해진 시일 내에 과제를 완수하고 좋은 평가를 받도록 합니다. 그러나 과제의 확인, 분배, 수합, 완수가 팀의 목표를 이루기 위한 중요한 요소임에도 불구하고 이 과정에서 팀원들이 반목하거나, 성과가 독점되거나, 능력이 향상되지 않았다면 이때의 리더십은 결국 리더 개인의 능력 신장을 위한 리더십일 뿐입니다.

토론문화 연구시범학교의 일원으로 참여했던 적이 있다. 연구부장이 각 분과별로 과제를 나누고 과제에 따라 실천한 다음 다시 모여서 협의를 하고 다음 과제를 정하는 방식으로 진행되었다. 개인적으로는 토론문화를 내 수업에 적용할 수 있다는 점이 마음에 들어 연구학교 진행에 열심히 참여하고자 선택했다. 그런데 내 기대는 완전하게 빗나갔다. 내가 어떤 방식으로 수업을 진행하는지, 수업 진행에 어떤 어려움이 있는지는 아무도 관심을 갖지 않았다. 그저 정해진 날짜까지 토론문화 교수학습과정안을 작성하여 내라는 것이었다. 연구학교 종합발표회가 다가올수록 이런 현상은 더욱 심해졌다. 수업보다는 최종 보고서와 행사를 준비하기 위해 팀원들 모두가 동분서주하면서 소모적인 시간을 보내야 했다. 결국 토론문화 개념을 수업에 도입하여 바람직한 방향으로 이끌어 보자는 취지는 무색해지고 형식적인 보고서를 완료해야 하는 과정에서 너무 큰 압박감을 느꼈다. 이게 아닌데 라는 생각이 계속 들었지만 팀원 중 가장 경력이 낮았던 나로서는 문제제기 한 번 못하고 연구학교 일정이 종료되었다. 특히 이 과정에서 교사들은 서로 일거리를 떠맡지 않으려고 갈등을 일으켰고 책임자인 연구부장 선생님은 늘 마감 시간을 들이대며 몰아세웠다. 결국 나는 해보고 싶었던 것은 하나도 못하고 별로 도움이 될 것 같지 않은 일들만 할 수 밖에 없었다. 이런 식이라면 다음에는 참여하지 않을 것이다. 발령받은 지 4년밖에 되지 않았지만 나에게는 정말 끔찍한 기억이었다. (경력 5년차, 초등학교 여교사)

사실 발령 5년차라는 경력은 공립학교인 경우 그 학교에서 가장 오랜 시간 근무했다는 것을 뜻합니다. 그 학교 사정에 대하여 잘 알고 있고, 학생들과의 수업에서도 의욕을 가질 수 있는 경력이지요. 아마도 위 선생님은 처음으로 참여해 보는 연구시범학교 과정에 많은 기대를 걸었던 것 같습니다.

연구시범학교라는 제도의 목적은 단순명쾌합니다. 새로운 교육방법을 선도적으로 적용해 보고 그 과정에서 나타난 성과와 문제점을 그대로 드러내어 보고함으로써 다른 학교들에게 참고자료를 제공하는 것이지요. 위는 연구학교 지정을 받아 놓고 최종 보고 시한에 쫓기다가 형식적인 보고서 작성을 중심으로 진행할 수밖에 없었던

'우리 주변에서 흔히 발견되는' 사례 중 하나입니다. 새내기 교사가 처음으로 참여해 보았던 연구학교 경험이 '끔찍한 기억' 으로 남게 되었다는 점이 무엇보다 안타까운 일이네요. 아마도 여러 원인이 있겠지만 연구시범학교가 가진 형식성, 관료성의 한계가 있을 수 있겠지요.

그럼에도 불구하고 가능성 풍부한 이 5년차 교사가 끔찍한 경험이라고 생각하게 만든 것은 일차적으로 연구학교를 이끌었던 리더의 책임입니다. 연구시범학교는 동료교사를 대상으로 하는 리더십 학습의 장입니다. 오늘도 전국적으로 수백 개의 연구학교들이 운영되고 있지만 참여교사들이 느끼는 만족감과 행복감, 그리고 실질적인 성과는 어느 정도인지 궁금합니다.

내가 근무하는 학교의 교장선생님은 스스로를 CEO라 칭하면서 효율적인 학교운영을 강조한다. 옆 학교의 성과와 비교하면서 교사들에게 명령하고 지시하는 경우가 많다. 오로지 목표는 관내에서 가장 우수한 학교가 되는 것이다. 실제로 작년에 대학 진학률이 좀 높았다. 어제는 3학년 담임들과의 식사 자리에서 "인서울(서울지역 대학)에 많이만 넣어주면 내가 이사장님께 이야기해서 선생님들 인센티브를 듬뿍 달라고 할 참이야." 이렇게 말씀하셨다. 사립학교라서 그런지 진학률에 학교의 존폐를 거는 모습이다. 후

년부터인가 학교 선택제가 본격 시행되기 전에 일류대학 진학률을 바짝 끌어올려야 된다나 뭐라나. 그러다보니 3학년 부장교사도 덩달아서 진학률 올리자고 노래를 부른다. 이런 회식 자리를 갖고 다음날 교실에 들어가면 기분이 심난하여 수업도 잘 안 된다. (경력 10년차, 고등학교 남교사)

기업 경영에서 이야기하는 리더십은 간단히 말해 최소 투자로 최대 이익을 내기 위하여 어떻게 구성원들을 다룰 것인가가 핵심입니다. 경영의 목적은 무엇보다 '수익의 창출'에 있기 때문입니다. 그런데 교사집단에서는 교육을 매개로 하는 관계 맺음과 가치의 실현이 중시됩니다. 이러한 지점이 기업 경영에서 이야기하는 리더십 이론들을 곧바로 교육 현장에 대입해서는 안 되는 이유입니다.

교사집단은 수익을 창출하기 위하여 모인 조직이 아니라 바람직한 교육적 조건들을 형성하면서 잘 가르치기 위한 것, 가치를 풍부하게 실현하는 것을 고민하는 집합체이기 때문에 리더가 성과보다는 가치를 우선해야 조직을 이끌 수 있는 기본 토양이 마련됩니다. 그러나 말은 그러해도 현실에서는 여러 가지 어려움에 봉착될 수 있겠지요. 현실을 완전히 무시하고 교육의 이상적 목표만을 위하여 학교와 그 구성원들, 그리고 학생, 학부모까지 관계 맺음을 하기란 여간 어려운 일이 아닙니다. 목표와 과정을 둘러싼 조건, 상황, 맥락이 다양할 수 있습니다. 또한 기업에서나 학교에서나 정해진 목표가 있고 이를 달성하기 위해 노력하는 것은 이상할 것이 없습니다. 다만, 그 목표를 이루어가는 과정이 리더와 구성원 간에 수직적, 권위적으로 이루어지느냐 공유와 촉진으로 이루어지느냐가 구분될 필요가 있습니다. 구성원들의 자발적 참여에 의하여 달성된 성과는 곧 리더가 독점하는 성과가 아니라 구성원 모두의 성장을 촉진하는 성과가 될 수 있습니다.

저는 교사들에게 요구되는 리더십은 구성원 각자의 주체적 능력을 인정하는 것으로부터 출발해야 한다고 생각합니다. 굳이 리더와 추종자를 구분할 필요도 없고 목표만을 강조할 필요도 없습니다. 비록 정해진 목표는 이루지 못했다 할지라도 구성원들과 함께 과정을 만들어가는 능력이 훌륭하다면 그야말로 멋진 리더십이라 할 수 있겠지요. 저는 잠정적으로 교사의 리더십에 대한 개념을 다음과 같이 생각해 보았습니다.

'교사에게 요구되는 리더십은 학생, 학부모, 동료교사와의 활발한 소통을 통해 구성원들이 기쁜 마음으로 성취감을 느끼면서 주어진 과제를 수행하도록 분위기를 조성하며 그들의 능력

이 골고루 신장되도록 촉진하는 과정이다.'

　소통이 무엇이고 촉진이 무엇이냐를 따져 묻는 것이 지금 당장 중요한 것은 아닙니다. 위에서 언급한 소통, 촉진은 제 이야기의 전편에 흐르는 줄기이자 철학 같은 것입니다. 선생님께서 전반적인 이야기의 흐름에 동참하다 보면 체화되는 실천적 개념입니다.

2 성과지향적, 자기희생적 리더십을 넘어

[사례 4] 이 선생님은 요즘 학교 운영에 대한 불만이 많습니다. 교장선생님께서 결정하여 추진하면 될 일을 사사건건 교직원회의에서 의견을 묻는 방식 때문입니다. 그래서 신속하게 처리될 일도 때로 너무 지루하게 진행된다는 생각이 듭니다. 이런 방식은 시간도 낭비요, 인력도 낭비라는 느낌입니다. 교직원회의에서 일부 교사들이 의견을 개진할 때마다 짜증이 납니다. 지금 일반 기업에서는 업무를 효율적으로 처리하기 위하여 엄청난 노력을 기울이고 있다고 하던데, 이러다가 학교는 영영 경쟁력을 상실할 것 같아 걱정입니다.

[사례 5] 홍 선생님에게는 요즘 닮고 싶은 선배 선생님이 생겼습니다.

후배 교사들을 만나면 늘 먼저 인사하시고 얼굴 가득 미소를 띠며 반겨주십니다. 아이들에게도 그렇게 잘 하실 수가 없습니다. 청소 시간에는 늘 임장하셔서 꼼꼼하게 구석구석 점검하고 또 실제로 본인이 손수 쓰레기 정리 등의 궂은 일을 하십니다. 때로는 사비를 털어서 학급운영에 보태기도 하고 다른 교사들은 꺼려하는 가정방문까지 나가십니다. 학교에서 어떤 교사도 맡지 않으려 하는 일도 기꺼이 나서서 솔선수범하기 때문에 많은 교사들이 신뢰하는 그런 분입니다.

성과와 목표

무엇이 교사들을 위한 바람직한 리더십의 유형인가를 따져보는 것은 쉬운 일이 아닙니다. 교사의 리더십은 교사들이 몸담고 있는 환경, 리더십 발휘의 대상이 되는 학생 및 동료교사들을 둘러싼 문화적 배경, 그리고 구성원간의 관계가 이루어지는 맥락 등과 밀접하게 관련이 되어 있습니다. 어떤 대상에게는 바람직한 리더십이 또 다른 대상에게는 압박감을 줄 수도 있고, 어떤 환경과 문화 속에서는 대단히 느슨한 리더십이 또 다른 환경과 문화에서는 구성원들을 행복하게 만드는 리더십이 될 수도 있습니다.

[사례 4]에서 이 선생님이 생각하는 리더십은 효율을 지향하는 것으로 보입니다. 특별히 이 선생님께서는 학교에서 발휘되는 리더십의 주요한 요소를 신속한 의사결정과 추진력으로 보는 것 같습니다. 물론 학교생활을 하다보면 이러한 리더십이 요구될 때가 있습니다. 하지만 이러한 유형의 리더십이 '리더십의 바람직한 유형으로 일반화' 되기에는 문제가 있을 것 같군요. [사례 5]에서 홍 선생님을 감동시킨 선배 선생님은 사랑과 헌신으로 가득 찬 리더십을 발휘하고 있다는 생각이 드는군요. 동료교사들과 학생들의 신뢰까지 받고 있다면 더 바랄 것이 무엇이 있겠습니까? 그러나 판단을 잠시 유보하기로 하죠. 우리는 아직 그 선배 선생님께서 어떤 생각을 가지고 있는지 들어보지 못하였습니다. 그 선생님의 헌신과 솔선수범이 어디를 향하고 있는가를 알게 된다면 우리는 좀 더 쉽게 바람직한 교사 리더십의 유형에 한 걸음 다가설 수 있을 것입니다.

이 글을 읽는 선생님들께서는 권위적, 일방적, 지시적 리더십이 바람직하지 않다는 데에는 어렵지 않게 동의하시리라 믿습니다. 그런데 가령 '성과지향적 리더십' (다른 말로 목표지향적 리더십으로 부르기도 합니다)이나 '자기희생적 리더십' (혹은 헌신의 리더십)이라는 말을 듣게 되면 쉽게 판단이 서지 않습니다. 물론 리더십이란 조직의 특정한 목표를 달성하기 위하여 발휘되는 영향력이며, 리더가 먼저 솔선수범할 때 그 성과가 훨씬 더 클 것이라는 의견은 설득력이 있어 보입니다. 아울러 말씀드린 두 가지 형태의 리더십은 현재 교육 현장에 광범위하게 자리 잡고 있는 리더십의 유형이기도 합니다.

내가 몸담고 있는 교과연구회의 선배교사가 교육청으로부터 받은 연구과제 수행에 동참해 달라고 하여 흔쾌히 수락하였다. 선배교사는 누가 보아도 능력 있는 사람이었고 몇 개월 동안 연구 작업을 함께 하다보면 많은 것을 배울 것이라고 생각했기 때문이다. 나 또한 '자기주도적 ICT 학습'이라는 주제에 대해서는 전부터 연구해 보고 싶은 생각이 있었다. 우리는 역할을 나누었고 각자 자기의 학교에서 적용해 본 다음 그 결과를 가지고 다시 만나서 토론해 보기로 하였다. 나는 학생들에게 우리 연구회에서 연구하고 있는 수업모형을 적용해 보고 그 결과를 정리하였다.

그런데, 내가 근무하는 학교가 워낙 과대 과밀학급인지라 정해진 모형을 적용하는 데 애로가 많았다. 학생들은 내 의도대로 움직여주지 않았다. 적용할 때마다 의외의 상황이 나왔다. 할 수 없이 정해진 모형을 상당 부분 수정하고서야 겨우 결과물을 얻을 수 있었지만 그 결과도 우리가 의도했던 방향과는 사뭇 달랐다. 나는 고민 끝에 문제점 중심으로 기술하기로 했다. 이 방법이 더 생생한 연구방법이라고 생각했기 때문에 나는 다음 모임에서 선배교사로부터 칭찬을 받을 수 있겠구나 라는 기대감까지 가졌다. 그런데 이게 웬일인가? 중간 점검 모임에서 나는 호된 질책을 받았다. 선배교사가 말하기를 그런 식으로 한다면 심사 때 지적 사항이 많을 것이라는 것이다. 모형의 효과를 보자고 하는 것이므로 효과 중심으로 다시 기술하라는 것이 선배교사의 일방적인 지시였다. 한마디로 문제점은 축소하고 성과는 확대하라는 것이었다. 모든 것이 엉망이 되었고, 나는 그 연구과제가 종료되기만을 손꼽아 기다리는 처지가 되었다. (경력 8년차, 중학교 여교사)

위의 인터뷰 사례에서 보듯 목표를 달성해 가는 과정에서 생길 수 있는 여러 가지 변수들이 있습니다. 각도를 달리하면 보면 위 사례에서 참여했던 선생님은 본인이 지도하고 있는 학생들의 특성에 맞게 적용해 보기 위해 많은 노력을 했다는 것을 알 수 있습니다. 그러나 이미 정해진 모형은 선생님의 환경과 학생들의 조건에 잘 맞지 않았던 것이지요. 이것은 제시된 모형을 일반화하는 데 여러 문제가 있음을 보여주는 것이라고도 볼 수 있습니다. 선생님께서는 적용해 본 그대로 보고서에 반영을 했다가 연구과제의 리더에게 지적을 당하게 되었습니다.

연구과제를 주도했던 선생님께서 그동안 리더십이라고 생각해 왔던 것은 다분히 성과지향적 속성을 많이 가지고 있습니다. 이들은 질보다 양을, 내용보다는 형식을, 과정보다는 결과를, 아래보다는 위를 중시하는 경향이 있습니다.

자기희생과 헌신

자기희생과 헌신은 교사 리더가 가져야 할 매우 중요한 덕목 중의 하나입니다. 최근 '서번트 리더십(servant leadership)'이라는 말이 유행입니다. 우리말로 하면 '섬김의 리더십'입니다. 처음으로 서번트 리더십을 제시했던 그린리프(Robert K. Greenleaf)는 '서번트 리더십이란 타인을 위한 봉사에 초점을 두며, 종업원, 고객, 및 커뮤니티를 우선으로 여기고 그들의 욕구를 만족시키기 위해 헌신하는 리더십'이라고 하였습니다. 서번트 리더십 함양 과정에서 제시하고 있는 경청(Listening), 공감(Empathy), 치유(Healing), 스튜어드십(Stewardship), 부하의 성장을 위한 노력(Commitment to the growth of people), 공동체 형성(Building community) 등은 전통적 리더십에 비하여 진일보한 개념이 많습니다.

그런데 우리는 서번트 리더십이라는 용어의 탄생 배경에 주목할 필요가 있습니다. 그린리프는 경영학을 연구하던 사람으로 주로 상사와 부하직원 간의 원활한 의사소통을 위한 방법으로 상사(리더)의 이해와 봉사 정신을 강조합니다. 이는 급변하는 세계 환경에 따라 새로운 관점의 기업 이익 창출 방식 속에서 고민되고 있는 개념입니다. 서번트 리더십 개념이 나온 이래 가장 먼저 이를 참고하고 적용하였던 곳이 경영 분야였다는 사실은 놀라운 것이 아닙니다. 최근에는 교육 현장에서도 서번트 리더십에 대한 이야기를 자주 듣습니다. 학습자와 학부모를 '고객'으로, 교사를 '서비스의 제공자'로 설정하고 고객의 최대 만족을 위해 봉사하는 교사상을 확립하자는 이야기이지요.

서번트 리더십의 최대 전제는 리더의 희생과 봉사입니다. 리더의 영향력으로 구성원을 이끌어가지 않는 다는 측면에서는 과거의 전통적 리더십에 비하여 많은 부분에서 변화를 수용하고 있는 듯 합니다.

초등에서는 동학년 모임이 상당히 중요하다. 또 학년부장의 역할이 무척 중요하다. 작년에 내가 속했던 학년의 학년부장 선생님은 하나부터 열까지가 모범 그 자체인 분이었다. 아침 일찍 출근하여 손수 교실 정돈을 하시고, 수업 준비도 철저하고, 아이들에게도 매우 잘 하신다. 동학년 선생님들을 위해서도 그 분은 늘 무언가를 나누어주시기 위해 노력한다. 학부모들과의 관계도 굉장히 좋고, 특히 교장, 교감선생님께서도 상당히 좋아하신다. 학교 일에도 긍정적이어서 불만이라고는 없다. 본인 자체가 불만이 없고 다른 사람들이 불평을 할라치면 본인 스스로 나서서 그 일을 처리하기 때문이다. 딱 한 가지 아쉬운 점이 있다면 업무 때문에 담임들과 교장선생님의 의견이 충돌할 때 중간에서 갈등을 조정해 주셨으면 좋겠는데, 안절부절 하다가 결국은 자기가 나서서 그 일을 감당함으로써 갈등을 봉합한다는 사실이다. (경력 12년차, 초등 여교사)

자기희생적 교사들의 특징이 잘 드러나는 사례입니다. 헌신과 희생을 앞세우는 교사들은 무엇이든 '내가 먼저 참고, 필요하면 몸으로 때우면 되지.' 라고 생각하는 경향이 있습니다. 그렇게 하여 다른 교사들에게 좋은 평가를 받기는 하지만 이런 교사들의 치명적 한계는 '해야 할 말까지도 참는 것' 입니다. 그래서 종종 문제가 밖으로 드러나지 않고 계속 잠재되어 있거나 갈등이 해결되지 않고 일시적으로 봉합되는 경우가 많습니다.

[사례 5]의 경우를 다시 생각해 볼까요? '사심 없는 솔선수범' 이야말로 남에게 피해를 주지 않고 주변을 감화

시켜 바람직한 공동체로 만들 수 있는 원동력이 될 수 있을 것 같지만, 사심 없는 솔선수범이 때로 누구의 영향력을 공고하게 만드는데 일조하게 될까요? 희생과 헌신을 위주로 하는 리더십이 가진 부분적이지만 중요한 문제점인 것이지요.

성과지향적 리더십, 자기희생적 리더십을 넘어

그렇다면, 저는 목표 혹은 성과를 달성하는 것이 중요하지 않다고 주장하고 있는 것일까요? 그렇지 않습니다. 저도 누구 못지않게 성과를 중시하며 계획된 목표는 달성되어야 한다고 믿고 있습니다. 문제는 어떤 과정을 통해서 얻어낸 성과인가 하는 점입니다. 성과 자체가 최고의 목표가 되어 과정이나, 관계 등 여타의 모든 요소들을 성과를 달성하는 것에 복무시키는 방식은 경계되어야 합니다. 이 방식으로 얻어진 성과는 오로지 리더 개인의 것 일 뿐, 구성원은 철저하게 대상화되고 맙니다.

그러나 과정을 소중하게 생각하면서 소통을 통한 관계를 증진하고 구성원 모두의 자발성을 유도하면서 과제를 처리했을 때의 성과는 구성원과 동등하게 공유할 수 있다는 점이 다릅니다. 이는 요즘 학습 방식으로 많이 거론되는 '자기주도적 학습'에도 그대로 투영됩니다. 학습 과정의 설계와 학습목표의 수립, 학습내용의 전개와 평가의 전과정에서 학습자가 주체적으로 참여하는 것이 자기주도적 학습입니다. 교사가 과거의 권위의식에 빠져 일방적 수업을 진행한다면 구성원(학습자)들은 교사가 전달하는 지식을 수동적으로 제공받을 뿐, 스스로 구성해가는 지식은 기대할 수가 없습니다. 동료집단에서 리더십을 잘 발휘하는 것과 학습자를 주체로 내세워 자기주도적 학습을 촉진하는 교사는 결국 같은 맥락의 리더십을 가진 경우입니다. 리더를 포함한 구성원 모두가 자발적으로 참여하여 그 결과로써 공유된 성과는 살아있는 성과입니다. 이 성과는 구성원 모두의 능력을 신장하는 데 커다란 자양분이 됩니다.

아울러 개인적 희생과 헌신을 너무 강조하다보면 우리는 또 다른 문제와 마주하게 됩니다. 교사에게 과도한 희생을 요구하는 리더십은 교사를 주체로 만들지 못합니다. 또 능력 있는 교사를 늪에 빠지게 할 수 있습니다. 리더와 구성원과의 관계는 상명하달식의 수직적 관계여도 안 되지만 리더가 고객을 떠받들 듯이 이뤄지는 형태여도 곤란합니다. 리더와 구성원은 수평적 관계입니다. 서로가 서로를 주체로서 인정하는 그런 관계입니다. 자기희생과 헌신은 때로 타인을 감동시키는 리더의 덕목이지만 한 사람의 희생으로 모순이 숨겨지거나 문제가 드러나지 않는 역작용이 있습니다. 또한 잘못된 제도와 관행을 바로 보지 못하게 하는 눈가림 효과가 있습니다. 결국 개인적 희생과 헌신이 방향 없이 발휘되면 지속되는 문제점을 덮고 잘못된 제도와 관행을 온존 강화하는 데 일조하게 됨으로써 구성원 모두에게 본의 아닌 피해를 줄 수 있다는 점이 경계되어야 하겠습니다.

2부

"**리더의 철학은** 어떻게 구축, 함양될 수 있을
까요? 좋은 철학 책을 읽고 공식을 세우면 될까요? 리더의 철학은 그 사
람의 세계관, 인생관이 녹아든 교육관입니다. 세계, 그리고 사람들의
존재와 의식에 대하여 나름대로 가지고 있는 안목이 세계관이고 인생
관입니다. 이것이 학교 혹은 교실, 또 교사들과의 관계 안에서 정돈된
것이 리더의 교육관이라 할 수 있습니다. 과거에 교사들은 학생들의
생활기록부 종합의견란에 '과묵하게 맡은 바 일을 잘 처리함' 이라는
문장을 기술했던 적이 있습니다. 대개의 경우 이런 학생들은 교사들도
선호하는 대상이었습니다. '과묵하게 맡은 일을 잘 처리한다.' 는 것은
교사의 지시에 대하여 토를 달거나 비판하지 않고 맡은 일을 잘 처리한
다는 말입니다. 혹시 요즘에도 그런 의견을 기술하는 선생님이 계신가
요? 그렇다면 '방향 없는 성실성' 을 조장하는 문구가 아닌지 생각해 볼
일입니다."

3 좋은 경험,
높은 안목

[사례 6] 초등학교 5학년 담임을 맡고 있는 박 선생님은 조회 시간에 아이들에게 무엇인가 이야기를 하고 있습니다. 지각대장인 철수가 아직 학교에 오지 않은 것 같습니다. 박 선생님은 철수의 지각 사건에 대하여 반 전체 아이들을 향하여 '지각하는 버릇은 고쳐야 하며 부지런한 사람이 나중에 성공할 수 있는 것'이라고 당부합니다. 잠시 후에 뒷문이 열리더니 철수가 들어왔습니다. 그리고는 바로 1교시 종이 울려서 수업시간이 되었습니다.

[사례 7] 정 선생님은 인근 학교의 교사들과 함께 연구과제를 진행하고 있습니다. 그런데 한 교사가 마감 시간까지 작업을 완료하

기 힘들다고 호소합니다. 그래서 그 교사의 작업 시한을 연장해 주었습니다. 문제가 해결될 줄 알았지만 여전히 전반적인 과제 진행은 힘들기만 합니다. 해당 교사뿐만 아니라 과제의 절대 분량이 너무 많아서 모든 구성원이 마감 시간까지 이것을 처리하는 것이 불가능했던 것입니다.

특수한 것, 일반적인 것

철학의 개념 중에 개별자와 보편자라는 것이 있습니다. 어떤 사물 하나하나마다 특수하게 나타나는 현상이 개별자이고 누구에게나 보편타당성을 갖는 것이 보편자입니다. 우리 생활과 밀접한 용어로 대체하면 아마도 '특수성과 일반성' 정도가 될 것입니다. 집단의 구성원들이 느끼는 어려움에 대한 호소는 크게 보아 두 가지입니다. 하나는 구성원 전체가 모두 느끼는 것, 이것이 일반성입니다. 또 하나는 한 사람만 혹은 극히 소수만 느끼는 것, 이것은 특수성입니다.

[사례 6]에서 지각의 문제는 철수 개인의 특수한 문제입니다. 따라서 이 문제는 대다수 지각을 하지 않는 다른 학생들에게 아무리 이야기해봐야 소용이 없을 것이 뻔합니다. 조용히 철수를 따로 불러 면담을 하고 그 원인을 알

아보는 것이 개선을 빠르게 하는 길입니다. 리더는 구성원의 문제에 대하여 그것이 집단 전체의 문제인가, 특정한 개인의 문제인가를 가능한 빨리 파악해야 합니다. 즉, 어떤 현상에 대하여 일반적인 것인가, 특수한 것인가를 파악하는 것이 리더십의 중요한 능력 중의 하나입니다. 박 선생님은 구성원이 어떤 과오를 범했을 때 깊은 생각없이 이것을 집단 전체의 현상으로 환원하여 처방을 내리려고 했던 것입니다. 개별적인 문제를 보편적 현상으로 잘못 해석하는 경우 이런 어려움에 처할 수 있습니다.

한편 [사례 7]에서 본 정 선생님의 경우 어려움을 호소한 구성원의 말만 듣고 즉시 처방을 내린 것이 전혀 효과적이지 못하게 되었습니다. 리더가 특정 구성원의 호소에만 의존하여 처방을 내렸을 경우, 전체적인 과제 처리는 예상치 못한 상황으로 빠질 수도 있습니다. 특정 구성원의 호소가 나왔을 때 정 선생님은 신속하게 전체 구성원에 대한 작업 분량과 과제 수행 방식을 재점검했어야 합니다. 리더의 판단 착오는 이렇게 커다란 영향을 미칩니다.

리더의 경험과 안목

그렇다면 리더는 어떻게 하나의 현상이 특별한 것인지, 일반적인 것인지를 알 수 있을까요? 이때 필요한 능력이 (경험으로부터 비롯된) '선지식'과 '안목'입니다. 리더가 아주 많은 경험의 소유자라면 유사한 상황이 도래했을 때, 어렵지 않게 판단할 수 있습니다. 그 판단은 최선의 것일 수도 있습니다. 그러나 경험이라는 것이 판단의 주요한 근거는 될 수 있어도 모든 것을 경험에만 의존할 수는 없는 것이기에 상황에 따른 대처 능력이 또한 필요합니다. 이 대처 능력이 안목입니다. 시야를 넓게 가지고 전체를 통찰할 수 있는 능력이 필요한 것입니다.

작년에 발령을 받아 올해 2년차가 된 교사이다. 강원도의 한 중학교에서 사회교과를 담당하고 있다. 내가 근무하는 학교는 규모가 작기 때문에 나 혼자 한 학년 전체를 지도하고 있다. 그런데 이번 기말고사가 끝난 지금 나는 매우 우울하다. 나름대로 열심히 가르쳤다고 생각했는데 이번 시험에서 학생들이 시험을 너무 못 보았기 때문이다. 평균이 50점에도 이르지 못했다. 그래서 각 반에 들어갈 때마다 학생들에게 학습이 부족했음을 지적하고 꾸짖었다. 그리고는 단단하게 일러두었다. 2학기 중간고사 때도 이렇게 공부를 하지 않는다면 비상 대책을 강구하겠노라고 엄포를 놓았다. 그런데 오늘 6교시에 들어간 반에서 역시 같은 이야기를 하고 수업에 들어가려는데 한 학생이 내가 들을 수 있을 정도의 목소리로 중얼거리는 것이다. '문제가 어려우니까 점수가 낮지, 자기가 어렵게 출제하고 우리보고 뭐래….' 얼굴이 화끈거렸다. (경력 2년차 중학교 남교사)

평가를 하는 목적은 대체로 세 가지 정도가 있습니다. 학습 내용에 대한 성취 정도의 확인, 학생이 전체 집단 중에 어느 정도에 와 있는지를 알아보는 변별, 마지막으로 교수학습의 개선입니다. 선생님의 문제는 지극히 단순합니다. 교사가 열심히 가르쳤고 학생들이 열심히 공부하였는데 평균이 50점에도 미치지 못했다면 문항의 난이도가 너무 높았던 것이지요. 이 문제는 학생들을 들볶는다고 해결되는 것이 아닙니다.

이렇게 나온 결과를 교수학습 개선의 지표로 삼는다면 아마도 다음 시험에서는 선생님께서 기대하는 결과가 나올지도 모릅니다. 지금 당장 선생님은 학생들의 낮은 성취를 안타까워하겠지만 앞으로 수업 경험을 더 쌓는다면 이런 문제가 반복되지 않겠지요. 그런데 그 경험이라는 것이 한 번에 많은 양을 쌓을 수는 없으니 시간이 필요한 것입니다. 선생님께서는 '경험에만 의존하는 선배교사들의 무능'을 질타했을지 모르지만 한 마디의 말이나 한 줄의 글로는 쓸 수 없는 독특한 세계가 경험이라는 것에 있지요.

풍부한 경험을 바탕으로 정확한 안목이 있는 교사가 부러울 때가 있다. 역시 선배교사라고 하는 것이 그냥 선배는 아니구나 하는 생각을 하게 된다. 내가 전혀 생각하지 못했던 부분을 생각하고, 민첩하게 판단해서 순리대로 일이 해결되도록 이끌어주는 선배를 만날 때 참으로 리더십이 있다는 생각이 든다. (경력 12년 차 특수학교 여교사)

모든 경험이 안목을 높이는 데 도움이 되는 것은 아니지요. 우리는 일상 속에서 수많은 경험을 하는데, 자신의 안목과 판단력을 높이는 데 기여하는 것도 있지만 오히려 역기능으로 작용하는 경험도 있습니다. 어떤 실천이 이루어지면 그것은 곧 나의 경험이 됩니다. 그런 연후에 이전 경험과 섞여서 하나의 지식 혹은 정보로 축적이 됩니다. 이 과정을 보다 정교하게 도와주는 것이 안목입니다. 그러니까 경험과 안목은 상호 불가분의 관계에 있군요. 단순히 경험이 많다고 리더십을 보장하지는 않습니다. 위의 인터뷰 사례에서 보듯 안목이 결여된 채 쌓여가는 경험은 산 경험이 아닌 것이지요.

전체를 생각하며 부분을 보기

[그림 1]은 제가 제작한 '전체를 생각하며 사물을 관찰하기' 라는 수업자료입니다. 어떤 사물의 부분만을 보고 전체를 유추하면서 학생들끼리 의견을 교환하고 토론도 하는 과정에서 통합적 사고력이나 사물을 보는 안목 등을 키울 수 있는 자료입니다.[1] 사용하는 방법은 간단합니다. 이 화면을 대형 영상장치를 통하여 스크린에 보여주면서

[그림 1] 전체를 생각하며 부분을 보기

특정 이미지를 가리키며 '이것은 어떤 사물의 일부일까요?' 라고 물어 보면 됩니다. 그러면 학생들은 나름대로 자기들의 상식을 가지고 이것저것 발표도 하고 토론도 합니다. 예를 들어 맨 아래에서 두 번째 있는 그림을 가리켰다고 합시다.

학생들은 다양한 대답을 하겠지요. 영화를 많이 본 아이들은 '잠수함 안에 있는 레이더 화면' 이라고 말할지도 모릅니다. 경험을 바탕으로 이야기하는 것이니까요. 그러니까 경험이 많을수록 사물을 보는 안목이 보다 넓을 수도 있겠습니다. 또 어떤 아이는 '태아를 초음파로 찍은 사진' 이라고 할 수도 있겠네요. 아마도 산부인과에 다녀온 어머니를 통하여 보았던 사진의 잔상이 뇌리에 남아 있기 때문이겠지요.

경험은 직접적인 것뿐만 아니라 책이나 미디어, 또는 타인과의 관계 속에서 간접적으로 축적되는 것이 더 많습니다. 아무튼 좋습니다. 인간이 사물을 보는 안목은 이렇게 다양한 경험을 종합, 분해, 혹은 이어 붙이기를 통하여 새로운 질로 나아가는 것이니까요. 또 우리가 무엇을 보든 항상 부분을 보는 것이라는 것을 학생들에게 이야기해 주십시오. 어떤 사물도 우리는 한 번에 전체를 볼 수

---

1. 교컴 홈페이지(http://eduict.org)〉배움마당〉교컴 강의실에서 이 자료를 사용할 수 있습니다.

[그림 2] 조각 그림을 마우스로 눌러 전체 그림을 본 모양

는 없습니다. 부분의 통합으로서 전체를 상상할 수 있을 뿐이지요. 그러므로 부분으로부터 유의미한 전체를 유추하기 위해서는 어느 정도 훈련이 필요합니다. 이렇게 하여 아이들끼리 서로 이야기하는 시간이 어느 정도 경과되면 선생님께서 위 조각 그림을 마우스로 눌러 전체 그림을 보여줍니다.

[그림 2]가 바로 조각 그림을 마우스로 눌렀을 때 나타나는 전체 그림입니다. 아이들은 탄성을 지를 수도 있고, 맞아 맞아 하면서 다른 것도 해보자고 할 것입니다. 그러면 자연스럽게 그림을 옮겨 가며 몇 개를 더 할 수 있습니다. 선생님께서는 이 자료를 어떻게 만들었는지 궁금하실 것입니다. 설명을 들어보시면 누구나 금방 따라할 수

있습니다.[2]

저는 요즘 아이들에게 특히 부족한 능력 중의 하나가 '상상력' 이라고 생각합니다. 상상력이 빈곤한 이유는 다양한 경험을 해보지 못했기 때문입니다. 경험이 부족한 아이들을 모아 놓고 '생각열기' 니, '브레인스토밍' 이니 하는 과정을 반복해 보아야 의미 있는 결과가 나올 수 없습니다. 인위적으로 머리를 쥐어짜라고 하는 것 보다는 먼저 다양한 경험을 하도록 유도하는 것이 중요합니다.

한편 경험만을 지나치게 믿는 것은 주관의 함정에 빠질 위험이 있습니다. 경험으로부터 새로움을 창출할 능력이 없거나 과거의 경험으로부터 아무런 교훈도 이끌어내지 못한다면 그 경험은 차라리 없느니만 못합니다. 선지식의 중요성을 강조하는 까닭은 이미 구성되어 있는 개인적인 지식이 외부 세계로부터 들어오는 지식과

---

2. '전체를 생각하며 사물을 관찰하기' 자료 만들기

① 단일한 배경 위에 사물을 놓고 디지털 카메라로 찍습니다. 배경이 복잡하면 사물을 부각시키는데 혼란이 있을 수 있습니다. 이렇게 10개 정도의 사진을 찍는데 주의할 점은 주변에서 흔히 발견되는 사물이어야 좋습니다.

② 10장 정도의 사진이 완성되었다면 찍은 사진을 포토샵이나 윈도우즈 그림판 등으로 불러옵니다. 툴박스에 점선으로 된 사각형 툴이 있습니다. 그 툴을 이용하여 특정한 부위를 떼어 내어 다른 이름으로 저장합니다. 작은 조각 그림과 원본 사진 각각 두 장이 한 쌍이 되도록 한 것입니다.

③ 나모 웹에디터와 같은 웹에디터를 이용하여 작은 조각그림을 마우스로 눌렀을 때 원본 사진이 나타나도록 하이퍼링크를 걸어줍니다. 그런 다음에 전체 자료를 CD에 담아 두든지, 인터넷에 올린 후 교실에 들어가시면 됩니다.

④ 도저히 따라하기 힘든 선생님도 있을 것입니다. 그냥 교컴에 있는 자료를 사용하시든지, 통째로 복사하여 그림만 바꿔치기 하는 방법으로 활용하실 수 있습니다.

합해져서 또 하나의 새로운 지식으로 창출되어 가는 과정을 반복하기 때문입니다. 어떤 경험을 가지고 있는지, 그 경험이 이후 새로운 지식을 창출해 가는데 있어서 유의미한 것으로 작용하는지 아닌지가 그래서 중요한 것입니다.

초임 때 맡은 담임 학급 학생들이 사소한 말썽을 많이 일으켰다. 학교 전체적으로 봤을 때는 크게 말썽 피우는 학급이 아니었으나, 끊임없이 담임인 나에게 학생들이 매달렸다. 그땐 담임이 정말 힘들다는 생각이 들었다. 1년 후 작년 담임 반 학생들이 급기야 담임을 쉬고 있던 나에게 와서 말했다. 작년이 자기들이 담임을 너무 힘들게 했다고. 아이들 전체가 나에게 매달렸다고 했다. 그때서야 어렴풋이 느낌이 왔다. 그 학생들이 모든 담임에게 그러는 것이 아니었구나. 허용의 폭이 너무 크고, 모든 문을 다 열고 학생에게 가면 오히려 담임이 소진할 수도 있겠다는 생각이 들었다. 그 학생들에게 나는 친절하기는 하나 조금 불쌍한 담임이었을지 모르겠다.

그러다가 다시 담임을 맡게 되었다. 처음부터 모든 문을 활짝 열고, 다 감싸 안기보다는, 학급 내에서 담임이 해야 할 역할과 학생들이 스스로 결정해야 할 일을 구분 짓고, 학급내의 규율도 정하기 시작하였다. 그 규율을 벗어나면 정해진 원칙에 따라서 제재하기도 하였다. 그러면서도 학생들에게 여유를 갖고 더 깊은 사랑과, 더 적절한 형태의 도움을 줄 수도 있었다. 처음 담임을 할 때는 무조건 잘해 주는 것이 제일이라고 생각했다. 그러나 그 과정에서 담임 자신도 힘들었고, 학급 분위기도 나날이 어수선해졌다. 경험을 통해 수십 명의 학생이 한꺼번에 생활하는 학급생활은 단체생활이며, 그 단체가 원활하게 1년을 지낼 수 있도록 이끌어나가는 것은 고도의 전문성이 필요하다는 것을 알게 되었다. (경력 20년차, 고등학교 여교사)

위 사례에서 보면 경험이 과거의 경험으로 머무르지 않고 다시 현재와 만나 새로운 형태의 리더십으로 발전되고 있음을 볼 수 있습니다. 학생들의 발언을 통하여 교사 자신을 되돌아보게 되었고 새로운 학급을 맡게 되었을 때는 경험으로부터 얻은 교훈이 창조적으로 적용되는 것이지요. 자신을 돌아 보는 것은 반성과 성찰입니다. 반성과 성찰은 더욱 넓어진 안목으로 되돌아옵니다. 인터뷰 대상자는 이를 전문성의 신장이라고 표현하고 있군요. 이렇듯 경험과 더불어 쌓이는 안목이라는 것은 눈으로 잘 관찰되지 않지만 학생들과의 관계를 발전시키는 에너지가 됩니다.

미혼이었던 때와 비교해 보면 두 아이의 엄마가 되어 있는 지금 학생들을 조금 더 이해하게 되었다. 특히 내 아이가 초등학생이 되니 훨씬 더 내가 가르치는 아이들 입장에서 바라볼 수 있게 되고 그 아이들이 집에 돌아가서 생활하는 부분도 다는 아니지만 좀더 이해할 수 있게 된 것 같다. 그러면서 지난날에 내가 학생들을 대하던 것이 많이 서툴렀구나 하는 점도 느끼고 한편으로는 후회도 된다. (경력 12년차, 초등학교 여교사)

교사가 자기 자녀를 가지고 있을 때 학생들을 이해하는 폭이 더 큰가, 그렇지 않은가 하는 것은 다소의 논점이 있을 수도 있겠습니다. 하지만 위 사례에서 보듯 본인이 그렇다고 느끼는 것은 중요한 것이지요. 필자 역시 제 아이들이 초등학교부터 고등학교에 이르기까지 성장하는 것을 보면서 또한 제가 학교에서 가르치는 아이들에 대한 이해의 폭이 좀더 넓어졌다는 것을 부인할 수 없습니다. 자녀를 두고 있는 교사들은 학교에서 학생들과의 생활, 가정에서 자녀들과의 생활이 서로 긍정적인 영향을 미치도록 하는 것이 좋습니다. 문제는 교사도 인간인지라 항상 좋은 작용만 하는 것은 아니겠지요?

내가 근무하는 곳은 교육열이 높기로 소문난 서울의 OO

지역이다. 학교에서 조금 떨어진 곳에 살다보니 집근처 학교에 내 아이들을 보내고 있다. 근무하는 학교의 학생들은 타 지역 학생들에 비하여 학업 성적이 월등히 높다. 물론 어려서부터 사교육의 혜택을 받은 것도 있고, 조기유학을 다녀온 아이들도 많고 그만큼 부모들의 손길이 세심하게 미치는 것이 주요한 요인이라고 생각한다. 모두가 긍정적인 것은 아니지만. 자습 시간에 영문판 해리포터를 줄줄 읽어 가는 것을 보고 신기하게 생각했던 적도 있다. 그러다보니 종종 내가 가르치는 아이들의 기준에 맞추어 내 아이들을 볼 때가 있다. 그러면 아들 녀석은 항변을 한다. "아빠, 그건 거기 애들 얘기고요. 여기는 그런 애들 없어요⋯."
(경력 23년차 중학교 남교사)

교사들은 자신이 근무하는 학교에서 최고 수준의 아이들을 늘 가까이서 보기 때문에 암암리에 자기 자녀에 대한 눈높이가 올라간다는 것입니다. 상당 부분 일리가 있는 말이라는 생각이 들었습니다. 본인이 근무하는 학교와 자녀가 다니는 학교의 분위기가 사뭇 다름으로 해서 오는 자녀와의 갈등이 있을 수 있습니다. 이 갈등은 본인의 경험과 자녀의 경험이 다르다는 것을 인정하지 않는데서 옵니다. 그리고 경험이 축적되는 장(환경)이 상당히 다르다는 것을 서로 인정해야 합니다. 이와 같이 본인이 가진 경험을 일반화하면 주관의 함정에 빠질 수도 있습니다.

편견으로부터 자유로워지기

교사들이 학기 초에 새로운 반을 배정받게 되면 아이들로부터 '가정환경조사서'를 받습니다. 요즘에는 '선생님께 들려드리는 나의 이야기'라는 형태로 보다 자유롭게 작성하여 제출하기도 하지요. 선생님은 생활기록부와 더불어 아이들이 제출한 환경조사서를 읽으며 학생에 대하여 파악하는 것은 물론, 학생을 지도할 때 참고자료로 활용합니다. 생활기록부에서는 주로 성적, 근태상황, 전담임이 작성한 종합기록사항 등이 참고사항이고 환경조사서에서는 부모의 직업이나 학생의 장래희망에 먼저 눈길을 보내는 교사들이 많습니다. 같은 시기 학교 보건실에서는 '요양호학생'의 명단을 작성하여 교과 선생님들에게 보내줍니다. 생활부에서는 '요선도학생'의 명단이 작성되고, 상담실에서는 '특별히 상담을 요하는 학생'들이 별도로 관리됩니다. 새터민이나 다문화가정의 학생들이 있는 경우 이들에 대한 효과적인 지도를 위하여 명단이 작성, 공유되기도 합니다. 더 나아가 전담임과 현담임

사이에 활발한 정보교환이 이루어집니다.

이 경우 관심의 대상이 되는 것은 아무래도 아래 학년에서 '문제를 일으켰던 경험'이 있는 학생입니다. 전담임은 현담임에게 미리 알고 참고하라는 뜻으로 학생에 관한여러 정보를 넘겨줍니다. 물론 이 모든 사항들은 학생들을 좀더 잘 관리하기 위한 목적으로 수집됩니다. 그리고상당 부분 효과적으로 쓰여 지는 것도 사실입니다.

그런데 이러한 자료와 정보가 어떤 경우에는 선생님과 학생의 바람직한 만남을 가로막기도 합니다. 선생님이 아이에 대한 사전 정보를 근거로 '편견'을 가지게 되는 때입니다. 많은 선생님들이 동의하는 것 중의 하나가'징계를 받은 학생들은 한부모 가정이 많다'라는 것입니다. 그래서 선생님께서 생활기록부나 환경조사서를 볼때 한부모 가정의 학생을 유심히 보게 되고 이 아이의 성적이나 지난 해 행동발달상황 등을 살펴보게 됩니다. 만약 성적도 나쁘고 행동발달상황도 좋지 못하다면 이내전담임께 연락을 해서 참고 발언을 듣게 됩니다. 전담임은 학생에 대하여 지난 해 경험을 근거로 설명을 해 주게되고 어떻게 지도하면 좋다는 방향까지 조언을 하게 되지요. 어디까지나 이런 부분은 선의로 이루어지는 교육의 과정 중 하나이지만, 어쩔 수 없이 담임이 아이에 대하여 가지게 되는 선입견이나 편견의 한 부분을 형성하게 됩니다.

선입견이나 편견은 바람직한 관계의 장애물입니다. 교사들은 학생지도를 위하여 취합한 자료와 정보에 대하여 '단순 참고'에 불과하다는 것을 먼저 생각할 필요가 있습니다. 학년이 바뀌면 교사와 마찬가지로 학생들도 새로운 다짐을 하게 됩니다. 그런데 정작 새 담임선생님께서 '너는 성적도 나쁘고, 작년에 한 번 사고를 일으켰던 아이'라고 이미 나름의 판단기준을 가지고 있다는 것을 알면 학생이 가지게 될 좌절감은 얼마나 클까요? 반대로 이른바 모범적이거나 성적이 우수한 학생들의 경우에도 마찬가지입니다. 똑같은 잘못을 해도 성적이 우수한 학생은 '한 번의 실수'로 인정되는가 하면 성적이 나쁜 학생은 '의도적 비행'으로 치부되는 경우가 있지요. 학생들에게 있어 '선생님이 나에 대하여 생각하는 방식'은 대단한 압박감입니다.

학생에 대한 자료와 정보가 있더라도 새로운 만남은 새롭게 시작되는 것이 좋습니다. 또한 선생님이 학생들을 그렇게 보고 있다는 것이 그들에게 전달될 필요가 있습니다. 결국 안목이라 함은 경험의 단순한 반복으로 얻어진 시각적 능력이 아니라 편견을 극복하고 학생의 있는 그대로를 볼 줄 아는 능력입니다.

좋은 경험, 높은 안목

모든 경험이 바람직한 영향을 주는 것은 아닙니다. 어떤 경험은 다시는 반복하고 싶지 않을 만큼 쓰라린 것도 있습니다. 문제는 경험을 어떻게 받아들이느냐, 어떻게 나의 이전 경험과 섞어서 새로움을 창조할 수 있느냐 입니다. 다시는 기억하고 싶지 않은 '나쁜 경험' 일지라도 그것이 나의 미래를 위한 발전의 에너지가 된다면 그 경험은 좋은 경험입니다. 지속적으로 나쁜 경험에 머무르게 할 것인지, 아니면 내 안의 새로운 창조 과정으로 연결시킬지는 전적으로 선생님의 몫입니다.

아주 진부한 얘기지만 풍부한 독서만큼 좋은 경험을 주는 것이 없습니다. 좋은 책을 많이 읽으면 선생님은 간접적이나마 좋은 경험을 쌓을 수 있습니다. 사람을 만나 대화를 나누는 것, 여러 사람과 공동의 실천을 계획하고 실행하는 것, 낯선 문화를 이해하기 위한 여행 등의 경험 쌓기는 선생님에게 보다 높은 안목을 선물할 것입니다.

4 전문성과 철학, 무엇이 먼저일까

[사례 8] 장 선생님의 학급에서 환경미화가 한창입니다. 가급적이면 아이들의 의견을 존중하여 환경을 구성하고 싶은 마음에 몇 개의 모둠으로 나누고 각 모둠별로 특색 있는 게시물을 만들도록 하였습니다. 그랬더니 한 모둠에서 '나의 장래희망' 이라는 주제로 반 전체 아이들에게 설문조사를 하여 게시판을 만든 것을 보게 되었습니다. 게시판에는 반 아이들의 이름과 장래희망 그리고 괄호 안에는 왜 그 직업을 원하는지가 간단하게 써 있었습니다. '1번 철수 장래희망: 의사(돈을 많이 벌 수 있어서), 2번 희빈 장래희망: 대기업 사장(일은 조금하지만 돈을 많이 번다), 3번 요섭 장래희망: 연예인(돈도 많이 벌고 인기 짱),… 21번 소라 장래희망: 교사(돈은 별로 못 벌지만 안정적이

다), 22번 영희 장래희망: 교수(교사보다는 월급도 많고 내가 하고 싶은 공부를 계속할 수 있어서)···.' 대략 이런 식이었습니다. 왜 모든 아이들은 장래 희망을 경제적인 것과 연관 지어 생각을 하게 되었을까요? 아무리 세태를 반영한다고는 하지만 장 선생님은 이런 생각을 하고 있는 아이들이 문득 낯설게 느껴집니다.

[사례 9] 초등학교에서 5학년 아이들을 담당하고 있는 민 선생님은 요즘 온라인 학습커뮤니티를 개설하여 아이들과 사이버 학습을 하고 있습니다. 무엇보다 아이들에게는 많은 학습자료가 필요하다는 생각이 들어서 인터넷에서 검색한 자료를 우리 반 아이들의 조건에 맞게 일부는 수정하기도 하고 또 없는 자료는 직접 제작하여 올리기도 하면서 꽤 보람 있게 온라인 학습을 진행한다고 생각하였습니다. 그러던 어느 날 민 선생님은 다른 학교 교사들의 학습방을 살펴보다가 그만 깜짝 놀랐습니다. 같은 학년이고 비슷한 주제를 가지고 운영되는 학습방인데 내가 운영하던 학습방과는 많이 다르다는 느낌이 들었습니다. 그 학습방을 운영하는 교사는 많은 자료나 글을 올리고 있지는 않지만 적어도 아이들을 어떤 아이들로 키우겠다는 목적의식을 잘 담아내고 있는 것 같았습니다. 그 선생님은 방향만 잘 제시할 뿐, 대부분의 자료탐재, 의사소통 등의 활동은 참여하는 아이들에 의하여 이루어지고 있었습니다. 민 선

생님은 고민에 빠졌습니다. '그래 이 선생님에게는 분명 나에게는 없는 그 무엇이 있는 것 같아. 아이들에게 강요하고 있지 않으면서도 뭔가 이 선생님의 교육관 같은 것이 있어. 때로 감동적이기도 한. 이건 내가 키워야 할 능력이야. 그렇지만 짧은 시간에 이런 능력을 가지기엔 쉽지 않을 것 같아.'.

'엄 마 가 보 고 있 다 .'

20여 년 교직생활을 해 오면서 매년 한 번씩은 보게 되는 급훈입니다. 과거와 달리 요즘 급훈은 학급 구성원들을 대상으로 공모하여 선정하거나 담임교사와 학생들의 협의로 결정하게 됩니다. 다시 말해 급훈은 학생들의 요구와 담임교사의 학생관이 만나는 지점에서 결정됩니다. 그러므로 반쯤은 담임교사의 철학이 녹아 들어가 있다고 보아도 되겠군요. 저는 어느 학급에 들어가면 꼭 급훈을 보는 습관이 있습니다. 그리고는 그 학급의 담임교사를 떠올려 보곤 합니다.

위와 같은 급훈을 설정한 학급의 경우 담임의 성향은 두 가지 중 하나가 아닐까요? 적극적으로 학습을 강조하는 타입이거나 아이들의 생각에 무심한 경우이겠죠. 하긴 제가 본 급훈 중에는 '공부할래, 맞아 죽을래?', '30분

더 공부하면 내 남편 직업이 바뀐다.' 와 같은 것도 있었습니다. 아주 극단적인 것으로는 '대학가서 미팅할래, 공장가서 미싱할래?' 와 같은 것이 있었습니다. 공부에 대한 무한 강조와 노동에 대한 천시가 어우러진 철학부재의 소산입니다.

한편, '나도 쓸모가 있을 걸?', '아침 먹고 오세요.', '나만큼 귀한 그대' 와 같은 급훈을 만나게 되면 저도 모르게 입가에 미소를 떠 올리면서 '아, 이 학급의 담임선생님은 모든 아이들의 잠재 능력을 믿는 분이구나.', '마치도 부모와 같은 심정으로 아이들을 걱정하는 구나.' 이런 생각을 하게 됩니다.

왜 우리가 공부를 강조하게 되었는지, 또 일분일초를 아껴 공부에 집중하자고 해야 하는지에 대하여는 선생님들 모두 익히 알고 있는 사항입니다. 우리를 둘러싸고 있는 주변 환경이 인성보다는 실력을 요구하고 있으며 실천으로 내재화된 공부보다는 시험에서 높은 성적을 얻을 수 있는 공부를 요구하고 있기 때문이지요.

교육의 목적을 논할 때 대체로 두 가지의 접근 방법이 있습니다. 하나는 교육의 목적을 바람직한 가치를 지향하는 것으로 보는 내재적 접근, 다른 하나는 교육이 취업이나 경쟁력 강화의 도구로 쓰인다는 외재적 접근입니다. 물론 더 세밀하게 설명할 수 있겠으나 큰 틀에서 교육은 이 두 가지의 목적이 서로 얽혀 한 사람에게 왜 교육을 받는지, 왜 공부하는 지를 규정하게 되지요.

간단한 예를 하나 들어 보겠습니다. 수업 시간에 지하철에서 사회적 약자에게 자리를 양보해야 한다고 가르쳤습니다. 그리되면 이 가르침을 받아들이는 학생들은 대략 네 가지 범주로 분류되며 각 범주에 따른 실천을 하게 됩니다. 그 네 가지 범주란 아래와 같습니다.

① 지하철에서 사회적 약자에게 자리를 양보해야 하는 경우에 대한 시험 문제를 정확히 맞힐 수 있고, 실제로 지하철에서 같은 상황이 벌어졌을 때 자리를 양보하는 학생
② 시험문제는 맞히지만 실천하지 않는 학생
③ 시험문제는 틀리지만 실천하는 학생
④ 시험문제도 틀리고 실천도 하지 않는 학생

우리가 교육을 통하여 길러내고자 하는 인간형이 ①번이라는 것은 너무도 자명합니다. 그런데 과연 이 중에서 우리가 가장 경계를 해야 할 범주는 몇 번일까요? 아마도 ④번이라고 생각하는 선생님이 있을 것입니다. 한마디로 공부도 못하고 제대로 실천도 못하는 자이기 때문이지요. 하지만 저는 ②번에 해당하는 범주의 인간형

이 가장 경계해야 할 대상이라고 생각하고 있습니다. ④
번에 해당하는 학생과 ②번에 해당하는 학생은 둘 다 똑
같이 실천력이 미흡하지만 그 중에도 ②경우는 '알면서
실천하지 않는 경우' 에 해당이 됩니다.

이렇게 예를 드는 까닭은 가르치는 쪽이나 가르침을
받는 쪽이나 할 것 없이 외재적으로만 접근할 경우에 그
배움의 장이나 사회는 상당히 '경쟁적' 이며 '물적 욕망'
만을 부추기는 분위기가 되겠지요. 지금의 우리 사회를
보면 그런 측면들이 많이 있습니다. 우리가 모든 가르침
의 현장에서 내재적, 외재적 목적을 구분하여 기계적으
로 접근하자는 것은 아닙니다. 다만, 가르침의 리더인 우
리들은 늘 학생들을 미래의 어떤 사회인으로 키울 것인
가를 염두에 두고 자신의 안목 속에 담아두어야 한다는
것입니다. 생존과 경쟁의 도구로만 교육이 기능한다면
'대학가서 미팅할래, 공장가서 미싱할래?' 이런 급훈이
나오게 되고 담임과 학급 구성원이 아무런 문제의식을
느끼지 못하는 철학 없는 교실이 되는 것입니다.

암기력과 탐구 능력

대도시 지역에 근무하는 수학교사이다. 올해는 3학년 아

이들을 맡았다. 단순히 문제만 풀기 보다는 원리와 개념을
중요하게 생각하는 편이다. 그런데 아이들은 선행학습이
되어 있어서 학교에서 배우지 않은 문제도 잘 푼다. 물론
원리나 개념에 대하여는 잘 이해하지 못하는 경우도 많다.
많은 문제를 반복하여 풀어 보는 것이 그들의 수학 공부 방
법이다. 그래서 수학적 흥미를 느끼게 하고 원리 등을 강조
하기 위해서 수학사 이야기도 하고 또 새로운 단원에 들어
가게 되면 생활 주변에서 예를 찾아 쉽게 설명하려고 노력
한다. 그런데 매년 느끼는 문제이지만 이런 동기유발을 위
한 도입부에서 꼭 인상을 찌푸리는 아이들이 있다. 아마도
시험에 출제되지 않는 이야기를 듣는 것이 자신에게 별 도
움이 되지 않는다고 생각할지도 모르겠다. 어떤 아이는 새
로운 문제를 풀어주는 시간이 아니면 본인이 준비한 참고
서의 문제를 따로 풀기도 한다. 열심히 공부한다고 칭찬을
해 주어야 할지, 나의 의도를 알아주지 못하니 섭섭하다고
해야 할지….(경력 8년차, 중학교 남교사)

이 문제는 전국의 거의 모든 선생님들이 한번쯤은 겪
어 본 상황이라고 생각합니다. 아이에게는 모든 관심이
시험 성적에 집중되어 있기 때문에 나름대로 조급한 마
음에 그런 반응을 보였을지 모르겠습니다. 이런 경우 지
도하기가 여간 갑갑한 것이 아닙니다. 수학적 원리를 알

고 문제를 푸는 것과 단순 문제 풀이를 반복하여 결국 암기를 통하여 문제 풀이 능력을 갖게 되는 것은 많은 차이가 있지요. 그렇지만 아이에게 그것을 설명해주기가 쉽지 않습니다. 선생님의 답답함에 충분히 공감합니다.

교육과정이 7차로 바뀐 후에 새로운 교과서를 받아 들고 동료교사가 하는 이야기를 듣고 놀랐던 적이 있습니다. '바뀐 교과서는 쓸데없는 활동 관련 수업이 많고 난이도도 낮으며, 무엇보다 문제 풀이가 적어서 별도의 문제지를 만들어야 한다.'는 말씀이었습니다. 사실 7차 교육과정 이후의 수학 교과서는 탐구활동이나 수행과제 같은 것이 많습니다. 지난 교육과정에 비하여 문제 수가 적은 것도 사실입니다. 그 이유는 실생활과 유리된 수학 학습이 수학적 사고력과 문제해결력을 높이는 데 큰 도움을 주지 못한다는 것 때문에 그렇습니다. 따라서 부족한 문제를 보강함으로써 해결할 수도 있겠지만 보다 근본적으로는 교사 스스로가 탐구활동이나 수행과제의 진행 방법을 먼저 이해하고 적용하려는 노력이 필요한 것입니다. 교과서 안의 학문적 내용에 치중했던 것이 과거의 전문성이었다면 교과서와 실생활을 연계시키는 능력은 최근 강조되고 있는 전문성이라고 하겠습니다.

변화하는 개념, 교사 전문성

교사의 전문성을 강조하는 분들이 있습니다. '뭐니 뭐니 해도 교사는 전문성이 있어야 해' 라는 말은 우리가 가장 흔히 듣는 말 중의 하나입니다. 물론 저도 전문성은 교사의 존재 조건이요, 더 나아가 리더의 중요한 덕목 중의 하나라고 생각하고 있습니다. 이것이 '교사의 전문성이다' 라고 명쾌하게 정의하기에는 어려움이 많습니다. 교사의 전문성을 강조하는 분들은 '잘 가르치는 능력'을 전문성의 으뜸에 놓습니다. 여기서 잘 가르치는 능력이란 교과에 대한 해박한 지식을 바탕으로 수업 진행을 잘 하여 학생들의 성적을 올릴 수 있는 것을 말하는 것이겠죠? 더 나아가 세칭 일류대학에 보다 많은 학생들을 진학시킬 수 있는 능력을 말하는 것일 겁니다. 이 경우 수업 상황과 맥락을 중시하기보다는 모범적이라고 알려진 수업기술이나 모형을 따를 가능성이 많습니다. 모범적인 형태의 수업 기술 혹은 모형이란 '기술적 합리성(technical rationality)'을 바탕으로 합니다.

저는 이러한 기능적 접근들로는 위에서 이야기했던 현실을 극복하기 힘들다는 생각을 늘 해 왔습니다. 제1장에서 김 선생님의 사례가 기억되시는지요? 풍부한 교과 지식과 잘 전달하는 기술로 지금까지는 아무런 문제없이 수업을 진행해 왔던 김 선생님은 왜 요즘 아이들과의 소통이 잘 안 된다고 느끼고 있을까요?

　최근 몇 년 사이 교육을 둘러싼 변화는 참으로 가파르게 진행이 되는 듯 합니다. 우선 교육과정이 대폭 변하였고, 학교에는 교육정보화 인프라가 구축되어 있으며, 학습의 자원도 기존의 인쇄매체에서 디지털매체로 바뀌어 가고 있습니다. 교실이라는 고정된 공간에서만 학습이 일어나는 것이 아니라 온라인에서도 활발한 학습이 이루어지고 있습니다. 학생들의 문화도 상상을 초월할 만큼 많이 바뀌었습니다. 인터넷과 휴대폰으로 무장한 10대 학생들은 이제 사회적 이슈를 선도할 만큼이나 부쩍 성장해 있습니다. 철저하게 개별화되어 있지만 이들은 필요성만 있으면 자발적으로 집단을 형성합니다. 즉, 개인과 공동체를 넘나들며 활발하게 진화를 해 가는 것이 요즘 학생들의 모습입니다.

　한편 교사 집단은 어느 집단보다 개인의 경험에 의존하는 경우가 많습니다. 많은 연구물들이 교사들을 특징 짓는 문화를 고립화와 상호불간섭이라고 합니다. 나의 수업에 대하여 조언을 듣고 싶어도 막상 의뢰하기가 힘들고, 타인의 수업에 관하여 의견을 말하는 것은 여간 조심스러운 일이 아닙니다. 그러다보니 대개의 경우 교사들은 혼자 고민하고 혼자 판단하는 경우가 많게 됩니다.

교육을 둘러싼 여러 조건들이 많이 변화되었는데 과거의 '잘 나가던' 시절만 생각하면서 '요즘 수업이 왜 제대로 안될까?'를 고민하는 것이 김 선생님의 경우입니다.

어떤 분들은 '교사들이 교실 문을 열어야 한다.'고 주장합니다. 그러면 좀더 훈련된 수업전문가가 수업을 관찰하고 조언을 줄 수 있다고 합니다. 또 어떤 분들은 타인에 의하여 수업을 관찰하고 처방을 내리는 것이 도움이 될 때도 있지만 형식에 그치는 경우도 많다고 지적합니다. 도움을 받고 싶어도 마땅한 전문가가 주변에 없는 것도 문제라고 이야기합니다.

10년째 초등학교에서 주로 고학년을 가르쳐왔다. 학교 동료장학 계획에 의하여 연구수업을 하게 되었다. 7차 교육과정이 도입된 이후에 구성주의적 수업에 관심이 있어서 관련된 책도 읽어보고 연수도 받아 보았다. 마침 연구수업을 해야 할 사회과의 단원이 구성주의적 수업에 알맞은 것이라 학생들을 몇 개의 모둠으로 편성하고 제기된 학습 주제에 대하여 각 모둠에서 토론을 거쳐 학습목표를 정하게 하였다. 그리고 내가 애초 생각했던 학습목표와 비교하여 설명한 후 학습 목표를 정하여 제시하였다. 그때가 수업 시작 후 10분이 지난 때였다. 모둠 학습이라 다소 산만하기는 하였지만 아이들은 모둠별로 토론도 잘

했고 발표도 비교적 잘하는 모습이었다. 하지만 뒤에 교감선생님과 동학년 선생님들이 앉아 관찰하고 있다고 생각하니 마음에 부담이 되어서 일부는 빠뜨리거나 제대로 정리하지 못한 것도 있었다.

수업이 끝나고 그날 오후에 강평이 있었다. 그런데 예상하지 못했던 지적이 교감선생님으로부터 나왔다. 수업 시작과 동시에 '구체적인 행동적 목표로 학습목표를 제시하지 않았다' 는 것이다. 시작이 잘못되었기 때문에 다른 것은 이야기할 필요도 없다는 투로 말씀을 하셨다. 나는 무슨 말을 어디서부터 어떻게 해야 할지 갈피를 잡지 못하였다. 수업을 바라보는 철학과 관점이 다른데 이런 경우에도 강평을 의식해서 주어진 틀로만 수업을 해야 하나라는 생각을 하니 좌절감이 밀려왔다. (경력 10년차 초등학교 여교사)

아마도 수업관찰을 했던 교감 선생님은 기술적 합리성에 의거한 모범적인 수업 틀을 머리 속에 그리고 있었을지 모릅니다. 아울러 모름지기 좋은 수업이란 수업의 시작과 동시에 학습자가 그날 공부해야 할 것을 명쾌하게 학습목표로 제시해 주어야 한다고 생각하고 있습니다. 그러나 인터뷰 사례에서 보는 선생님께서는 학생들을 학습목표의 설정과 정리에 이르기까지 주도적으로 참여하는 것이 좋다는 사고를 하고 있습니다. 이 두 분의 의견에 정답은 없습니다. 또한 서로의 인식의 차이를 확인하고 존중하기까지는 아주 많은 시간이 필요할지도 모르겠습니다.

우리는 인터뷰에 응한 선생님에게 어떤 도움을 줄 수 있을까요? 학교 안에서의 굳게 결합된 관계를 좀더 느슨하게 결합된 관계로 발전시켜 줄 수는 없을까요? 학교 안에서의 조직을 바탕으로 상하좌우로 굳어진 관계들은 진솔한 이야기를 어렵게 만듭니다. 따라서 수업전문성의 신장이 형식적으로 될 가능성이 많습니다. 제가 조사해 본 수십 개 학교의 동료장학 프로그램은 거의 형식적으로 진행되고 있었습니다. 대부분의 선생님들이 효과적이지 못하다고 지적하면서도 정해진 학교의 업무이니 안할 수는 없고, 문서 작성 위주로 할 수 밖에 없다는 말씀들이었습니다. 결국 타인과의 의사소통을 통하여 상호 검증하고 또한 함께 성장하는 시스템이 아직은 뿌리 내리지 못하고 있는 탓에 아마도 우리의 고민이 당장 해결되기는 힘들어 보입니다.

우선 우리는 선생님들에게 학교 밖에서 관계를 형성해 보라는 권유를 드리고 싶습니다. 학교라는 공식적 조직이 주는 책임과 의무감을 벗어나 좀더 느슨한 상태에서 다른 학교 선생님들을 만나보는 것이 어떨까요? 방법은 오프라인일 수도 있고, 온라인일 수도 있습니다. 더구나 온라인의 경우 자신을 적극적으로 드러내지 않고 활동할 수도 있습니다. 학교 밖의 다른 교사라면 우리 학교보다는 전문성을 가지고 있는 교사가 더 많을 가능성이 있겠죠. 또 활동 자체가 책임지고 해야 할 업무처럼 다가오지 않기 때문에 부담이 훨씬 덜 합니다. 선생님의 전문성 신장을 가로 막는 것은 관료화와 형식화 같은 것들인데 학교 밖의 느슨한 결합에서는 자유롭게 상상할 수 있고 원하는 만큼만 관계를 형성할 수 있으며, 자신을 제한적으로만 드러낼 수 있다는 매력이 있습니다. 그런 맥락에서 최근 교사 전문성의 개념으로 교과내용 지식과 수업기술 외에 통합적, 연계적 능력을 강조하는 분들도 꽤 생겨나고 있습니다. 고정된 프레임에 갇히지 않고 교과와 학년을 넘나들면서 학습자에게 자기주도적이고 창의적인 능력을 길러주자는 방편의 일환입니다.

전문성과 철학의 공존

위에서 교사 전문성에 대한 이야기를 했습니다만 전문성을 신장하는 것만으로 바람직한 교사 리더가 될 수 있을까요? 교사의 전문성은 교사 자신의 철학 위에서만 제대로 기능할 수 있다고 생각합니다. 여기서 이야기하는 철학이란 리더의 세계관과 인생관이 녹아든 교육관입니다. 우리는 철학 부재의 지식이 얼마나 많은 사람들을 절망시킬 수 있는지 종종 목격합니다. 또한 실력만을 잣대로 삼는 극단적인 성과주의가 얼마나 커다란 비극을 초래할 수 있는지도 경험을 통하여 알고 있습니다.

이러한 문제의식은 우리가 생각하고 있는 리더십의 조건으로 바로 연결됩니다. 특히 그것이 교육이라는 공공성의 장에서 이야기되는 것인 까닭에 더욱 중요합니다. 실력이 모든 것을 말해준다고 하면서 방향 없는 지식을 습득하기 위하여 노력하는 것은 바람직스럽지 않습니다. 철학 없는 전문성은 때로 만인을 죽이는 독이 될 수도 있습니다.

리더의 철학은 어떻게 구축, 함양될 수 있을까요? 좋은 철학책을 읽고 공식을 세우면 될까요? 리더의 철학은 위에서 언급한대로 세계관, 인생관이 녹아든 교육관입니다. 세계, 그리고 사람들의 존재와 의식에 대하여 나름대로 가지고 있는 안목이 세계관이고 인생관입니다. 이것이 학교 혹은 교실, 또 교사들과의 관계 안에서 정돈된 것이 또한 리더의 교육관이라 할 수 있습니다. 과거에 교사들은 학생들의 생활기록부 종합의견란에 '과묵하게 맡은 바 일을 잘 처리함' 이라는 문장을 기술했던 적이 있습니다. 대개의 경우 이런 학생들은 교사들도 선호하는 대상이었습니다. '과묵하게 맡은 일을 잘 처리한다' 는 것은 교사의 지시에 대하여 토를 달거나 비판하지 않고 맡은 일을 잘 처리한다는 말입니다. 혹시 요즘에도 그런 의견을 기술하는 선생님이 계신가요? 그렇다면 '방향 없는 성실성' 을 조장하는 문구가 아닌지 생각해 볼 일입니다.

다음은 제가 몇 년 전에 고등학생들이 보는 신문에 쓴 칼럼입니다. 본 장의 주제와 관련하여 시사하는 점이 있다고 생각되어 전재해 드립니다.

어떤 공부가 진짜 공부인가?

우리 청소년들이 가장 자주 듣는 말 가운데 하나가 '공부해라' 라는 말이다. '그만 먹고 공부해라', '그만 놀고 공부해라', '그만 자고 공부해라' … 청소년들이 귀가 따갑게 듣는 말들이다. 아마도 먹는 것, 노는 것, 자는 것 보다 훨씬 중요한 것이 공부인 모양이다. 아이러니컬하게도 필자는 고등학교를 졸업한지 20년이 훌쩍 넘어서야 잘 먹는 것, 잘 노는 것, 잘 자는 것이 공부보다 몇 배나 더 중요하다는 사실을 깨달았다.

정말로 학창시절에는 공부를 잘하는 것이 행복한 미래를 보장해 준다고 믿었었다. 선생님은 공부를 열심히 해서 화려하게 성공한 사람, 공부를 못하여 인생의 낙오자가 된 사람들의 예를 수시로 들어주시면서 혹시라도 마음이 풀어질까 경계하며 쉴 새 없이 자극을 주셨다.

그런데 말이다. 이런 생각을 해 본적이 있는가? 오늘도 새벽 여섯 시부터 밤 열 두 시까지 쉼 없이 하는 공부가 도대체 내가 인생을 살아가는데 어떤 의미를 가지고 있을까? 물론 여러분의 대답은 있다. 대학입시가 발등에 떨어진 불인데 그런 사치스런 생각을 할 시간이 어디 있느냐고, 공부를 안 하면 대학에 못 들어가고 대학에 못간 사람을 인생의 실패자로 낙인찍는 사람들이 바로 당신들 성인들이 아니냐고…. 그래서 필자가 이렇게 이야기를 해도 여러분 청소년들은 사실상 미동도 하지 않을 것이라는 것을 안다.

여러분들이 하는 공부의 대부분은 사실 여러분들의 선배들이 축적해 놓은 지식을 가능한 많이 보고, 또 기억하는 방식이다. 그러한 지식들 가운데에는 당장 필요해 보이는 것도 있고 영원히 써먹지 못할 것처럼 보이는 것들도 있다. 초중고등학교 12년을 거치면서 공부한 지식들은 정확히 하루 만에 심판을 받는다. 그러니까 수능시험을 치르고 나면 너무 허탈한 것이다. 기회는 단 한 번, 심하게 말하면 도박과도 같은 공부이다.

필자는 이러한 방식의 공부로 수많은 우리의 발전 가능성 있는 청소년들의 능력이 죽어가고 있다고 생각한다. 좀더 다른 내용, 다른 방식의 공부를 그만큼의 시간을 투자해서 했더라면 훨씬 커다란 성취감과 행복감을 맛볼 수 있을 것이라는 아쉬움을 항상 느낀다. 필자가 생각하기에 여러분들이 하고 있는 공부가 실제로 사회에서 타인을 만나 경험을 쌓고, 의미 있는 소통 속에서 행복한 삶을 보장해주기에는 다소 미흡한 것 같다. 요즘 젊은 청년들과 대화를 하다보면 참으로 '아이디어가 빈곤하구나.' 하는 생각이 든다.

 학창시절 잘못된 공부 방식의 결과이다. 많은 양의 지식과 정보를 기억하는 데만 신경을 썼지 이것을 다시 내 생활 속에서 적절하게 적용하면서 더 새롭고 창조적인 지식들로 구성 해 가는 데는 여러모로 미흡해 보인다. 아주 단순한 아이디어만 있으면 해결되는 문제 상황도 어딘가에 있을 모범답안을 먼저 찾는다.

 그렇다. 이것이 바로 '학습의 생산성'이다. 똑같이 한 시간 공부를 하더라도 그것이 내가 실생활을 살아가는데 필요한 영양분이 될 수도 있고 그저 시험을 위한 단순 암기에 그칠 수도 있다는 말이다. 대학입시는 몇 년 고생하면 통과할 수 있다. 그러나 대학입시를 통과함과 동시에 여러분들은 그 몇 배의 기간에 해당하는 삶을 살아야 한다. 기왕에 하는 공부라면 보다 창조적인 방법을 고민해 볼 수 없을까? 물론 이 부분은 선생님들도 함께 고민하고 풀어가야 할 문제이다. 다행히 요즘 들어 이런 학습방법을 고민하는 선생님들이 예전보다 훨씬 늘어나고 있다. 반가운 일이다. 똑 같은 지식이라도 단순하게 암기를 통하여 받아들이는 것보다 친구들과의 토론과 협동 작업을 통해서 가치를 판단하고, 더 넓고 깊은 지식과 호흡하는 방식은 여러분들의 아이디어를 훨씬 풍부하게 해 줄 것이다.
 누구나 입만 열면 정보화시대가 필요로 하는 인간상은 '창조

적이고 진취적이며 능동적인 사람'이라고 한다. 그래서 그것을
보장하기 위한 학습방법으로 '자기주도적 학습'을 해야 한다고
한다. 이것을 구호로만 외치면서 실제 우리들의 학교는 과거의
공부방식으로부터 한 치도 앞으로 나아가지 못하는 데 문제가
있다. 필자도 노력하겠다. 그러자면 여러분들과 그리고 부모님
들의 공감대 형성이 꼭 필요하다. 진짜 공부 한 번 해 보자.

- 이 글은 〈한국고교신문〉 63호 '세대교감'에 게재된 필자의 칼럼입니다.

원칙은 기본, 유연성은 양념

[사례 10] 신 선생님은 요즘 학교 운영에 대하여 불만이 많습니다. 특히 운동회 같은 학교 행사를 두고 일감을 분배할 때 뭔가 원칙이 없다는 생각이 자꾸 듭니다. 왜 자신에게는 남들이 꺼리는 역할이 늘 주어지는지 모르겠습니다. 어려운 일은 공평하게 좀 돌아가면서 했으면 좋겠는데 건의를 해 봐야 시정될 것 같지도 않습니다. 만약 말을 했다가 어려운 일을 피한다는 이야기를 듣는 것도 내심 자존심이 상합니다. 그래서 신 선생님은 자신이 뭔가 말하기 전에 모두가 공평하게 업무를 분담할 수 있는 기준 같은 것이 있으면 좋겠다는 생각을 합니다.

[사례 11] 중학교 국어 교사인 오 선생님은 최근 자신이 가르치는 학생

으로부터 뜻하지 않은 지적을 당하였습니다. '선생님은 늘 발표시키는 아이가 정해져 있어요. 왜 몇 몇 아이들에게만 관심을 두시죠?' 오 선생님은 놀랐습니다. 평소에 비교적 아이들을 공평하게 대하고 있다고 생각해 왔는데 이런 이야기를 듣고 보니 섭섭하기까지 합니다. 오 선생님은 차분히 짚어 보았습니다. 그리고는 지난 일주일 간 수업 시간에 발표를 하였던 아이들을 죽 떠 올려 보았습니다. 본인이 수업을 담당하는 다섯 개 반 모두에서 발표를 하였던 아이들에게는 하나의 공통점이 있었습니다. 오 선생님 생각에 질문을 해 봐야 답변이 힘들 것이라고 생각되는 학업 성취도가 낮은 학생들은 거의 발표에서 제외되어 있었습니다. 오 선생님은 어떤 발표를 시킬 때에 답변을 무리 없이 할 수 있는 학생들 위주로 발표를 시켰던 것입니다. 어쩌면 오 선생님은 이것을 배려라고 생각했을지도 모르겠습니다.

[사례 12] 한 선생님은 학급운영에 관한 한 분명한 원칙을 가지고 있습니다. 그 중에서도 철저하게 지키는 것이 있습니다. 학기 초에 학생들이 회의를 거쳐 결정한 '학급 역할 분담' 과 '학급 규칙' 입니다. 한 선생님은 학급 구성원 모두 하나씩의 학급 역할을 가져야 한다고 생각하며 누구도 학급 규칙으로부터 예외가 될 수 없다고 생각합니다. 대체로 학생들은 담임선생님이 공평하다고 느끼는 것 같습니다. 자기의 역할 수행에

대한 상과 벌이 명확하여 행동 예측을 하는 데 불편함이 없습니다. 한 선생님은 확고한 원칙이야 말로 학생들을 공평하게 대하고 학급 경영을 성공적으로 이끌 수 있는 가장 중요한 요소라고 믿고 있습니다.

원칙

원칙이라 함은 근본이 되는 법칙, 다시 말해 여러 사물이나 일반 현상에 두루 적용되는 법칙을 말합니다. 인간관계나 상하관계, 지도와 피지도의 관계에서도 원칙이라는 말은 많이 쓰입니다. 기본 원리를 중시하고 매사에 그 원리에 따라 일을 처리하는 사람은 원칙적인 사람이라는 말을 듣습니다. 물론 원칙이라는 용어가 꼭 긍정적으로만 쓰이는 것은 아닙니다. 고지식한 사람, 융통성이라고는 없는 비타협적인 사람을 에둘러 부를 때도 원칙적인 사람이라는 말을 합니다. 다른 말로는 '그 사람은 융통성이 부족해' 라고 말하기도 하지요. 원칙은 주로 인간의 이성에 호소합니다. 원칙에 따라 일 처리가 될 경우 최소한 불이익은 당하지 않는다는 느낌을 구성원에게 줄 수 있습니다.

[사례 10]에서 보듯 운동회와 같은 큰 학교 행사에서는

교사들에게 크고 작은 역할이 주어집니다. 대개는 늘 중요한 일, 힘든 일을 하던 교사가 반복적으로 일을 맡습니다. 신 선생님에게 불만이 없는 것은 아닌 것 같습니다. 단지 말로 표현을 안 하고 있었던 것이지요. 업무에 대한 기준이 없이 특정 교사에게만 업무가 집중될 경우 그 교사는 소진(bum out)하게 될 수도 있습니다. 그리고 학교 구성원들에 대하여 좌절감을 느낄 수도 있겠지요. 원칙의 부재는 조직에 대한 신뢰감을 현저하게 떨어뜨립니다. 또한 업무를 앞두고 구성원들이 눈치를 보는 풍토를 만들어 낼 수도 있습니다.

[사례 11]의 오 선생님을 볼까요? 나름대로 원칙적인 발표 기준을 가지고 있었다고 생각하였지만 아이들의 눈에는 그렇게 보이지 않았습니다. 학업 성취도가 낮은 학생들을 발표에서 배제시킨 것을 오 선생님은 배려라고 생각했지만 다른 각도에서 보면 확인될 수도 있었던 잠재 능력을 죽인 결과가 될 수도 있습니다. 원칙 역시 일방적인 것일 수 없습니다. 교사와 학생 사이에서는 특히 그렇습니다. 서로 간에 공감할 수 있는 원칙이 좋은 원칙입니다.

[사례 12]에서 보는 한 선생님의 경우에는 확고한 원칙을 세우고 그것을 지키기 위하여 담임과 학생들이 모두 노력하는 것으로 보입니다. 그러나 한 선생님의 학급에서도 예기치 못한 문제가 발생할 수 있습니다. 학급 역할

에 대한 담임의 원칙이 확고하다 보니 자신의 역할이 아닌 것에는 전혀 관심을 두지 않는 경우가 발생합니다. 이 학급은 나름대로 잘 관리되고 있지만 공동으로 무엇을 실천하는 문제에 있어서는 아이들이 자신감을 가지고 나서지 못하는 경우가 많을 것입니다. 아울러 학급 규칙에 명문화된 것은 잘 지키지만 규칙인지 아닌지 애매한 것들에 대한 실천력은 떨어질 수도 있습니다. 이처럼 확고한 원칙의 이면에는 좀더 생각해 두어야 할 요소들이 있습니다.

원칙과 리더십

새 학년 시작을 앞둔 교무실 풍경을 떠 올려 볼까요? 이 때는 교사들의 일 년 업무가 결정되는 시기이기 때문에 가장 많은 신경을 씁니다. 품위 속에 감추어 두었던 개개인의 인간적 면모가 드러나는 시기이기도 하지요. 어떤 학년, 어떤 업무를 맡느냐에 따라 앞으로의 일 년이 편할 수도 있고, 매우 힘들 수도 있기 때문입니다. 오죽하면 학교 사회에서 '하루만 인간성을 보이면 일 년이 편하다' 라는 말이 생겨났을까요? 이때만큼 리더십이 중요하게 부각되는 때가 없습니다.

교사들의 인사 문제는 인사위원회에서 대부분을 결정하였다. 그 과정에서 각 개인의 이해관계, 각 부서의 이해관계가 첨예하게 부딪쳤다. 그런데 각자의 희망이 부딪칠 때 그것을 조정할 무언가가 없었다. 결국 목소리 큰 사람이 이겨서 자기 부서원 수를 늘리거나, 자신이 원하는 자리에 들어가 버렸다. 또한 인사위원회에 들어간 사람은 자기 잇속을 다 챙겼지만 들어가지 않은 사람은 찬밥 신세가 되기도 하였다. 이런 경우 이것을 조정하고 개인 이기주의로 흐르는 것을 차단해야 할 존재가 필요하다고 느꼈다. 교감이나 교장이 이를 적절하게 조율하지 못한 경우 인사위원회는 배를 산으로 끌고 갔다. 인사의 원칙이란 공과 사를 잘 구분하는데서 오는 것이라고 본다. 개인적 친분이 업무 배정의 우선 조건이 되어서는 곤란하다. 예를 들어 어느 부서의 기획 자리를 원했고, 충분히 그것을 수행할 능력이 있음에도 불구하고, 부장이 다른 사람과 친하다는 이유로 기획을 원하는 사람을 거절했다. 물론 부장이 원하는 사람은 결단코 그 자리를 원하지 않았다. 원하는 사람은 친하지 않아서 싫다하고, 친한 사람은 기획을 하기 싫어서 봄방학 내내 버텼는데도 불구하고, 결국 부장이 자기 고집대로 기획을 선정하여 1년 내내 서로가 불편한 적이 있었다. (경력 20년차, 고등학교 여교사)

원칙이 없는 경우 영향력을 미치는 것은 무엇일까요? 위 사례에서 보면 자기주장이 강한 사람, 부서의 이해관계, 더 나아가 사적 관계 등이 영향력을 미치고 있음을 알 수 있습니다. 아울러 인사위원회가 모든 교사들의 신뢰에 기초하지 못하고 각 부서의 이해를 대변하는 방식으로 조직되었다는 데에도 문제가 있습니다. 원칙이 발휘될 수 있는 조건이 애초부터 충족되지 못했던 것이지요. 이렇게 되면 의사 결정이 신뢰를 갖지 못하거나 힘을 발휘하지 못합니다. 이럴 때 리더의 역할이 중요해집니다. 인력을 배치하는데 있어 모두가 공감을 할 수 있는 원칙을 수립하고 인사위는 그 원칙에 의해서만 업무를 수행하도록 하면 그만입니다.

이러한 원리는 곧바로 교실로 이어집니다. 학기 초에 아이들은 담임이 어떤 사람인지를 탐색합니다. 우리 담임이 원칙적인 사람인지, 아니면 원칙 없이 그저 상황이 닥치면 즉흥적으로 판단하고 그에 따라 강요하는 스타일인지 아이들은 대개 일주일이면 파악하게 되지요. 그리고는 담임의 스타일에 적응합니다. 원칙을 중시하는 담임의 경우 아이들 역시 원칙에 따라 움직입니다. 그렇지 않은 경우 끊임없이 담임의 눈치를 보게 될 것이고 임기응변이 늘어갈 것입니다.

원칙은 모든 구성원들이 편안함을 느끼는 최대공약수

입니다. 원칙은 어떻게 수립할까요? 원칙은 이미 존재하는 것일까요? 아니면 때와 장소에 따라 달라지는 것일까요? 답은 간결합니다. 이미 존재하는 원칙이 있고 조직에 따라 달라지는 원칙이 있습니다. 학교에서는 '민주주의 일반원리'가 대원칙입니다. 민주주의 일반원리에 따라 조직이 구성되고 다시 그 조직에서 필요한 원칙은 구성원들의 합의에 의해 만들어집니다. 다시 말해 학교에서 인사이동이 말썽 없이 이루어지려면 '구성원들의 자발적인 의사에 의하여 인사위원회를 구성'하고 인사위원회는 정해진 절차에 따라 인사작업을 진행하면 됩니다. 학급에서도 마찬가지입니다. 학급 구성원에 의하여 학급에서 지켜야 할 일이나 역할분담을 정하는 절차를 거치게 하는 것이 원칙이 통용되게 하는 근거가 됩니다.

이와 같이 원칙이 힘을 발휘하려면 제도의 바탕이 있어야 합니다. 또한 반드시 해당 조직의 구성원에 의하여 수립된 원칙이라야 힘을 발휘합니다. 리더는 이 원칙을 잘 이해하고 그리고 원칙을 지키기 위하여 노력해야 하며 원칙에 어긋날 때에는 이를 개선하기 위한 방안을 가지고 있어야 합니다.

원칙은 기본, 유연성은 양념

한편 모든 구성원들이 편안함을 느낄 수 있는 최대공약수가 원칙이라고 할 때, 어떤 조직이 철저하게 원칙으로 무장되어 한 치의 오차도 없이 운영된다고 하면 어떨까요? 이성적인 성향의 사람들은 이런 상황에서 편안함을 느낍니다. 이성적인 취향의 사람들은 대체로 제도와 절차를 중시하기 때문에 원칙과 규율에 익숙합니다. 한편 조직에는 감성적 취향의 사람들도 많습니다. 감성적 취향의 사람들은 제도와 절차가 철저하게 지켜지는 분위기를 대체로 답답하게 생각합니다. 따라서 모든 것을 원칙에만 의존하여 움직이는 조직은 구성원들을 쉽게 지치게 만들며 조직에 대한 압박감도 심하게 느끼게 합니다.

생활지도부에 들어 온지 벌써 3년째이다. 사안계라는 업무가 결코 쉬운 것은 아니지만 우선 부장 선생님의 부서 운영 방식이 좋다. 학기 초에 부서 업무에 관한 회의를 하고 원칙을 수립한다. 그리고 가급적이면 원칙에 따라 일감을 배분하고 추진한다. 그러면서도 모든 부서원들이 어떤 고민이 있는지, 일에 대한 압박감을 느끼지는 않는지 수시로 살핀다. 일감 조정이 필요할 때는 다른 교사들의 양해를 얻어 조정하고, 조정이 힘든 업무일 때에는 대화를 나누어서 업무를 좀더 쉽게 처리할 수 있도록 조언을 해 준다. 부장 선생님은 업무에 있어 '원칙적으로 처리하되, 최대한 개인 사정을 고려하는 편'이라는 생각이 든다. 어차피 생활지도부는 다른 교사들이 피하는 부서이다. 그래서 웬만하면 내년에도 옮기지 않을 예정이다. (경력 8년차, 중학교 여교사)

원칙이 훼손되어서는 안 된다는 대전제가 있다고 할 때, 우리는 '유연성'에 대하여 생각하게 됩니다. 리더는 원칙을 굳건하게 지키면서 구성원, 때, 장소에 맞게 유연성을 발휘해야 합니다. 이때 리더의 능력이 드러납니다. 리더의 유연성은 감성적 호소력을 갖습니다. 감성적 취향의 구성원들이 내놓는 아이디어는 대단히 창의적일 때가 많습니다. 원칙만을 강조하다 보면 이러한 아이디어와 상상력이 제대로 분출되지 않습니다. 물론 리더는 유연함을 보이기만 하면 되는 것이 아니라 유연함을 보이면서 안목을 가지고 구성원을 관찰하여야 합니다. 어떤 경우에 구성원이 편안함을 느끼면서 상상력을 발휘하는지, 참여과정에서 즐거워하는지를 보아야 합니다. 즉, 원칙을 기본으로 하고 유연성을 양념으로 하는 리더의 자질은 조직 구성원이 가진 능력의 총합을 이끌어 내는 데 필수적인 조건입니다. 구성원들의 눈은 의외로 높아서 원칙이 지켜지는 조직을 원하면서도 신나고 즐거

웠으면 합니다. 이러한 원칙과 유연성의 간격을 조절하는 기술, 리더의 위치에 있는 사람은 늘 고민해야 할 덕목입니다.

6 지도력과 대중성, 그 오묘한 모순

[사례 13] 박 선생님이 담당하고 있는 무지개 초등학교 6학년 5반 학생들이 박 선생님에게 붙여준 별명이 있습니다. 바로 '카리스마 박'이라는 별명인데요. 박 선생님도 이 별명이 싫지 않은 모양입니다. 박 선생님은 일년 동안 학급에서 일어나는 일들에 대하여 사전에 정확히 예측을 하는 편입니다. 그리고 어떤 일이 있더라도 가장 '최선에 가까운 지도'를 행합니다. 또 말씀을 여간 잘하는 것이 아니어서 무슨 일이 있든 선생님께서 한 말씀 하시면 학생들이 모두 잘 따릅니다. 학생들 사이에서 다툼이 있거나 싸움이 있을 때도 선생님만 찾아가면 언제나 명쾌한 해답을 들을 수 있습니다.

[사례 14] 중학교에서 2학년 학생들의 담임을 맡고 있는 김 선생님은 학생들의 자율을 중시하는 스타일입니다. 김 선생님은 소수 학생들의 이야기일지라도 늘 귀담아 듣고, 학급운영에 반영합니다. 사소한 문제일지라도 선생님의 생각을 강요하지 않습니다. 학급회의가 자주 열리는 편이어서 좋기도 하지만 어떤 때는 의견을 수렴하는 데 지나치게 시간을 소비하는 것이 아닌가 하는 생각이 들 정도입니다. 또 학생들의 의견을 모두 들어주려다 보니 학급운영의 방향이 자주 바뀌기도 합니다. 그러다 보니 학생들이 느끼기에 혼란스러울 때가 있습니다. 정작 어떤 문제에 대한 담임선생님의 생각을 알기가 힘들다는 것입니다. 이런 담임선생님의 성격을 알고 있기 때문에 어떤 학생들은 자기의 생각을 관철하기 위해 집요하게 선생님과 대화를 요청하는 경우도 있습니다.

어떤 리더는 강력한 카리스마[3]로 조직을 이끕니다. 구성원들은 리더의 결정에 승복하면서 잘 적응합니다. 이 경우 지도력, 혹은 통솔력이 뛰어나다고 말할 수 있을 것입니다. [사례 13]에서 박 선생님은 학급운영에 대한 전문적 식견이 탁월한 분으로 학급운영에 자신의 능력을 잘

---

3. 카리스마(charisma): 다른 사람을 매료시키고 영향을 끼치는 능력을 가리킵니다. 카리스마를 뜻하는 영어인 charisma는 재능, 신의 축복을 뜻하는 그리스어의 *kharisma*로부터 유래되었다고 합니다.

적용하고 있습니다. 교사로서 개인적 매력 또한 강한 분이어서 아이들 눈에 '멋진 선생님'으로 자리 잡고 있는 것 같습니다.

그러나 다른 관점에서 접근해보면 이런 리더가 이끌어 가는 조직에서는 구성원들이 할 말이 있어도 참는 경우가 많습니다. 자신의 말이 잘되는 밥에 재를 뿌리는 격이 되지 않을까 늘 걱정하기 때문입니다. 이렇게 되면 구성원들의 의사보다 리더의 결정이 더욱 강력한 힘을 발휘합니다. 조직은 무리 없이 잘 운영될지 모르지만, 리더가 없을 때는 중심을 잃고 갈팡질팡하는 조직이 됩니다.

한편, [사례 14]에서 보듯 어떤 리더가 이끄는 조직에서는 구성원들이 말이 많습니다. 리더는 구성원들의 발언을 다 들어줍니다. 이 사람 말을 들어봐도 옳고, 저 사람 말을 들어 봐도 옳다고 느낍니다. 그러다 보니 의사결정이 자꾸 번복됩니다. 그저 구성원들의 입만 바라보고 조직을 이끌고 있습니다. 대중성이 지나쳐서 지도력을 상실한 경우입니다.

그런데, 이 지도력이라는 것과 대중성이라는 것이 이렇듯 상호모순적인 것이어서 리더들마다 둘 중의 어느 하나가 강하게 나타나거나 어느 한 쪽이 결여되어 있는 경우가 보통이고 적절하게 결합된 경우는 좀체 찾아보기 힘듭니다.

리더의 지도력

지도력은 한마디로 위에서 아래로 통하는 힘입니다. 따라서 리더가 전문적 식견이 탁월하고 민주적 소양을 충분히 갖춘 경우에 지도력이 잘 발휘되면 조직은 발전합니다. 만약 민주적 소양이 부족한 리더가 정보를 독점하고 권위적으로 조직을 이끌었을 경우 이 조직은 리더에 대한 의존도가 높아서 리더가 없을 때 우왕좌왕할 수밖에 없다는 치명적인 결함을 갖습니다. 더 큰 문제는 이러한 지도력 위주의 분위기가 완전하게 정착되어 버리면 구성원은 스스로 움직이기 힘듭니다. 리더의 '명석한 지시만' 기다릴 뿐이지요. 리더의 카리스마가 넘치는 커다란 규모의 조직에 들어가면 구성원들이 가장 많이 하는 이야기가 '상부의 지침이 뭐냐?'는 것입니다. 이렇듯 지도력의 과잉은 지침이 없이는 활동을 못하는 구성원을 양산합니다.

내가 근무하는 학교의 교장 선생님은 좋게 말하면 세심하고, 나쁘게 말하면 모든 것을 시시콜콜하게 점검하는 스타일이다. 반드시 교장 선생님의 의사결정이 필요한 일은 물론이고 그냥 학년이나 부서에 맡겨 두어도 될 법한 사소한 업무들도 반드시 챙긴다. 그냥 넘어가는 법이란 없다.

기억력도 뛰어나서 '몇 학년 몇 반의 누구 학생 이번에 교육청 주관 OO 대회에 나갔는데 결과가 어떻게 되었느냐?' 이렇게 갑자기 묻기도 한다. 나 역시 즉시 대답을 못하고 몇 번 당황한 적이 있다. 다음에는 꼭 기억했다가 말씀드려야겠다고 마음먹지만 그게 어디 쉬운 일인가? 내 수업하기도 벅찬데 우리 부서의 모든 일을 빠짐없이 기억하기란 정말 쉽지 않다. 다음에 또 그런 질문을 받으면 역시 대답을 못할 것이라고 생각한다.

어떤 부장교사는 자기가 잊고 있는 것까지 지적해주기 때문에 업무에 빈틈없이 임할 수 있으니 좋은 것 아니냐고 한다. 또 학교장이 지시하는 대로만 하면 일을 그르칠 가능성이 없으니 그것 역시도 편한 것이 아니냐고 한다. 학교사회에서 뭐 그리 부장 교사의 소신을 펼 일이 있냐고. 피곤하게 살지 말자고 한다. 그렇지만 대부분의 부장교사들은 불편해하는 편이다. 소신을 가지고 업무에 임하고 싶지만 성과의 기준이 학교장의 마음에 드는가, 그렇지 않은가 이기 때문에 눈치를 많이 보게 된다고 한다. (경력 23년, 중학교 남교사)

지도력이 너무 강하게 구현되면 구성원을 의존적으로 만들거나 저항하게 만들 수 있습니다. 리더의 전문적 식견과 조직 운영 능력이 탁월한 경우에는 구성원들을 의존적으로 만들지요. 한편 리더의 방침이 잘못된 것일 때는 구성원들의 반발을 불러일으킬 수 있습니다. 대개 강한 지도력을 가진 리더는 순종적인 구성원을 선호하는 편입니다. 카리스마가 강한 지도자는 자신의 신념이 확고하기 때문에 구성원들에게 판단을 요하기보다는 효과적으로 이행할 것을 주문하기 때문이지요.

그렇다면 강한 지도력은 늘 부정적인 의미만 있는 것일까요? 그렇지 않습니다. 지도력을 발휘하되, 구성원들의 조건과 분위기를 살피면서 그들의 의사를 이끌어내려고 하는 노력이 겸비되면 됩니다. 즉, 리더의 결정 사항이기 때문에 실천해야 하는 것이 아닌, 구성원 모두의 민주적 결정이기 때문에 실천해야 한다는 흐름을 만들어야 합니다.

대중적 리더

리더는 구성원들이 만들어 간다고 하였습니다. 특히 교사들 개인은 자주적이고 역동적인 존재입니다. 교사집단에 대하여 부정적인 인식을 마구 퍼뜨리는 언론도 있지만 교사집단만큼 민주적 의사결정에 익숙하고 역동적으로 움직이는 집합체는 거의 없습니다. 여러 가지 요인이 있지만 비슷한 학력과 경력, 그리고 역할의 동질성, 가치

체계의 유사성 등등이 교사집단을 수평적 리더십이 가능한 집합체로 만듭니다.

이와 같이 조직의 근간을 이루는 구성원들의 동질성이 있고 민주적 역량이 강할 때는 대중성이 힘을 발휘합니다. 이 때 리더에게 필요한 것은 이끄는 힘이 아닌 조정하는 힘입니다. 이런 조직에서는 구성원들의 이야기를 잘 듣고, 갈등을 조절하며, 발언의 공통점과 차이점을 정확히 발견하여 이를 조직 전체의 목표와 잘 융합시킬 수 있는 능력이 중요합니다. 물론, 이러한 리더십에서도 경계할 점이 있습니다. 그것은 대중적으로 수렴된 의견은 항상 옳은가? 라는 물음에 답하는 것입니다. 늘 대중들의 의견대로만 일을 처리할 경우 대중영합주의(populism)[4]라는 딱지를 붙이기도 합니다.

선택과 판단

리더는 대중들의 의견을 반영하되, 이것이 조직의 방향과 어긋나지 않도록 세심하게 살펴야 합니다. 그래서 리

---

4. 대중주의라고도 하며, 인기영합주의 · 대중영합주의와 같은 뜻으로 쓰입니다. 일반 대중을 정치의 전면에 내세우고 동원시켜 권력을 유지하는 정치체제를 말합니다. 소수의 지배집단이 통치하는 엘리트주의와 대립적인 의미입니다. (두산 백과사전)

더의 입장에 있는 교사는 늘 선택과 판단의 순간을 맞게 됩니다. 리더가 어떤 판단을 내리느냐에 따라 조직의 방향과, 역할, 그리고 구성원들의 임무가 달라집니다. 한 순간에 내린 리더의 판단에 따라 조직이 더욱 발전할 수도 있으며 때로는 리더의 잘못된 판단으로 인하여 조직이 쇠락의 길을 걸을 수도 있습니다. 또한 리더에게는 끊임없이 선택이 요구됩니다. 특정한 사안에 대하여나, 또는 인적 자원의 배치에 대해서나 선택을 해야 하는 일이 많습니다. 고민을 위한 충분한 시간이 선택에 앞서 허락되는 경우도 있지만 어떤 경우에는 불가피하게 순간적으로 선택을 해야만 하는 경우도 있습니다. 학급을 운영하는 담임의 입장에서, 동료교사들을 이끄는 리더의 입장에서 선택과 판단의 문제는 끊임없는 진행형의 과제입니다.

어느 한쪽으로 결정했을 때 구성원의 일부는 환영하지만 일부는 불만을 가질 수도 있습니다. 그래서 어느 하나를 선택하거나 판단을 내릴 때에는 리더 자신의 기준이 필요합니다. 그러니까 구성원들의 의사를 민주적으로 수렴하더라도 구성원들의 의견 분포가 비슷하거나 정말로 어느 것이 옳다고 판단할 수 없지만 불가피하게 한 가지를 선택해야만 할 때가 있는 것이지요. 이럴 때는 어떤 기준을 잣대 삼아 선택 혹은 판단을 해야 할까요? 무엇이 조직을 위해서 가장 중요한 일이고, 무엇이 급한 일이고… 등등 수많은 사안들 중에서 업무의 우선순위를 구분하고 가려내어 판단하는 일에서 리더십의 차이가 발생합니다. 이러한 점들이 리더와 일반 구성원이 갖게 되는 사고와 책임의 차이입니다.

교과서적으로 말한다면 어떤 판단을 내릴 때는 내외적 조건을 먼저 살핍니다. 외적(객관적) 조건이란 조직을 둘러싸고 있는 제반의 여건을 말합니다. 계절이 바뀐다든지, 교육정책이 바뀐다든지 하는 것들이지요. 이러한 조건들은 리더나 조직 구성원의 힘으로 변화시키기 힘듭니다. 따라서 이러한 객관적 조건은 리더의 판단에 매우 중요한 요소가 됩니다. 내적(주체적) 조건이란 간단히 말해 리더와 조직이 가지고 있는 역량입니다. 어떤 과제를 수행할 능력이 얼마나 되는가가 바로 주체적 조건입니다. 객관적 조건이 무르익었다고 하더라도 어떤 과제를 실현할 수 있는 주체적 조건이 충족되지 못한 경우에는 판단이 달라지는 것입니다. 반대로 주체의 능력과 사기가 아무리 충만하다할지라도 외부적 조건이 성숙되지 않았다면 어떤 것을 결정하기 힘들겠지요. 이와 같이 리더는 내외부의 조건들을 면밀하게 살피고 그 조건들이 시사하는 바가 무엇인지를 정확히 인식할 때 가장 합리적인 선택과 판단을 할 수 있습니다.

선택과 판단의 시기

주객관적인 조건이 충족되고 구성원들의 의견도 확인이 되었을 때 리더는 어느 하나를 선택하거나 어떤 사안에 대한 판단을 내리게 됩니다. 판단은 시행을 전제로 하는 것이기 때문에 그 시기가 매우 중요합니다. 아무리 절묘한 판단도 최적의 시기를 놓치면 그 효용 가치가 떨어집니다. 제가 대표로 있는 교컴과 같은 커뮤니티에서는 언제 판단(선택)하고 언제 시행하느냐가 그 활동의 효과를 상당 부분 결정짓습니다.

예를 들어 가을 이벤트는 늦여름에서 초가을에 하는 것이 효과적입니다. 가을이 완전히 무르익었거나 늦가을에 하게 되면 효과가 상실됩니다. 학급 이벤트를 할 때도 학급구성원들이 이름을 익히고 서로 사귀는 것을 목표로 할 때는 학기 초가 좋겠지만 구성원들의 활동을 반성하고 격려하는 차원이라면 구성원들끼리 익숙한 상태의 시기를 골라야 합니다. 가끔 이러한 시기상의 오류를 범하여 활동의 효과를 반감시키는 경우를 볼 수 있습니다. 이런 경우 우리는 '실기(失期)' 했다고 합니다. 최적의 시기를 살리지 못한 경우에는 해당 활동에 대한 효과가 반감되는 것뿐만 아니라 앞으로 전개될 활동에 까지 두고두고 영향을 미치는 경우가 많습니다.

결국, 리더가 행하는 선택과 판단은 경중완급에 대한 안목, 주객관적 조건을 살피는 지혜, 구성원의 의견 분포를 읽어내는 소양에다 적절한 시기를 택할 수 있는 능력이 통합적으로 어우러져 가장 합리적 결과를 기대하게 하는 요소라고 할 수 있습니다. 그래서 리더십은 선택과 판단의 예술입니다.

다수를 반영하되 소수를 고려하기

어떤 사안을 선택함에 있어 중요한 것은 리더 자신의 판단이고 이 판단은 당시 상황에서 보다 중요하고, 보다 급한 것부터 적용된다는 것 외에도 이러한 판단에 대한 구성원의 반응을 조사하거나 예측해보는 것 역시 선택과 판단에 앞서 중요한 과제입니다. 이러한 미세한 과정에서 리더의 능력이 드러나게 되는데, 가령 어떤 리더는 무엇을 결정하기에 앞서 이 결정이 내려졌을 때 구성원들의 반응을 예측하고 불만을 가질 수밖에 없는 구성원들을 위한 조치를 동시에 생각합니다. 즉, 역량의 총합을 도모하면서도 불만 요소는 최소화하여 모두 함께 가는 방식을 택합니다. 이것이 다수의 입장을 반영하면서 소수를 고려하는 선택과 판단입니다.

어떻게 지도력 과잉에도 빠지지 않고, 대중추수에도 빠지지 않으면서 바람직한 리더십을 발휘할 수 있을까요? 어떻게 하면 대중들의 의견을 존중하면서(대중성) 리더로서의 능력을 발휘하는 것(지도성)이 가능할까요? 이것이 바로 지도력과 대중성의 결합입니다. 본인의 성장만을 우선시하는 리더가 아니라면 누구나 구성원들의 조건과 특징을 살펴 그들을 성장하도록 도울 것입니다. 저는 리더가 구성원을 성장시켜주는 것이 아닌 성장하도록 돕는다(mentoring, facilitation)고 하였습니다. 성장의 성과를 리더가 독식하는 것이 아닌 구성원과 공유하자는 의미입니다.

전국의 교사들을 선발하여 수행한 큰 규모의 프로젝트에 참여할 기회가 있었다. 이 프로젝트의 책임을 맡은 분도 역시 우리와 같은 현직교사였다. 이 프로젝트는 교육부 관련 기관, 시도 교육청 및 일선 학교의 협조가 절대적으로 필요한 것이었기 때문에 이를 원활하게 수행하기 위해서는 리더의 능력이 필수였다. 그런데 이 팀을 이끈 책임자 선생님의 경우에는 기대 이상이었다. 교육부 관련기관이나 시도 장학사들과 생각이 다를 때에는 조목조목 근거를 들어서 반박을 하거나 절충안을 제시하여 프로젝트가 힘을 받을 수 있도록 조율하는 능력이 탁월하였다. 그런가하면 팀원들과는 철저하게 의사소통 과정을 통하여 방침을 결정하고 자신과 생각이 다른 경우에는 조금 시간이 걸리더라도 토론을 하거나 어떤 경우에는 두 말없이 자기의 생각을 접고 팀원들의 생각대로 과제를 추진하였다. 10년 넘게 교직생활을 해 오면서 같은 교사를 보고 '참 멋있다'는 생각을 처음으로 하게 된 선생님이었다. (경력 11년차, 초등학교 여교사)

한편 어떤 사안의 경우에는 두 가지의 안이 모두 중요해서 그 중 하나를 선택하는 것이 너무 어려울 때가 있습니다. 또 어느 한 가지를 리더가 선택하게 되면 또 다른 갈등이 예견되는 경우도 있습니다. 이럴 때 리더는 모두를 선택하는 지혜를 발휘할 수 있습니다. 두 가지 모두를 선택하되, 내용이 풍부한 새로운 안으로 재탄생시키는 것이 그 방법입니다. 모든 경우에 하나만 선택해야 한다는 것은 고정관념입니다. 때로는 이러한 상식의 틀을 과감하게 깰 수 있는 융통성이 리더의 능력을 더욱 돋보이게 합니다.

7

공사(公私) 구분은 리더의 기본 소양

[사례 15] 황 선생님은 아이들이 참으로 좋아하는 선생님입니다. 자신이 담임을 맡고 있는 아이들과의 다양한 활동을 통해서 학급 공동체를 풍요롭게 키우려고 노력합니다. 아울러 수업 준비를 철저하게 하기 때문에 아이들은 수업에 집중하고 매 시간 재미있다고 합니다. 게다가 자신에게 주어진 학교업무 역시 빈틈없이 하는 편입니다. 이런 황 선생님에게도 고민이 있습니다. 공무 외에 이루어지는 사적인 자리에 참여하는 것을 꺼린다는 것입니다. 물론 부서, 학년 협의회를 겸한 회식 자리에는 업무의 연장이라 생각되어 꼭 참여합니다. 황 선생님은 회식 자리에서 술을 전혀 마시지 못하는 것을 물론이고 술자리와 함께 이루어지는 교사들 간의 이야기에 대하여 익

숙하지 않습니다. 그러다보니 술자리와 함께 이어지는 담화에서 소외될 뿐만 아니라 어떤 경우에는 좀 억울하기까지 합니다. 학교 안에서 미진했던 이야기가 사적인 자리에서 더욱 진전된 논의를 형성하고 급기야는 중요한 의사결정에까지 이르는 것을 느꼈기 때문입니다. 황 선생님은 생각합니다. '나는 잘못한 것이 없는데, 왜 중요한 결정에서 배제되어야 하지?'

[사례 16] 구 선생님은 고등학교에서 교무기획부장을 맡고 있습니다. 술을 워낙 좋아하여 일주일에 한 두 번은 꼭 퇴근 후 술자리를 갖는 편입니다. 교장, 교감선생님과 자리를 마련하는 경우도 있고 같은 부서의 선생님들이나 남교사들과의 술자리를 즐기는 편입니다. 구 선생님은 공식적인 절차나 회의를 무시하지는 않지만 왠지 행정적 절차만으로 이루어지는 학교생활이 삭막하다고 느낍니다. 또한 교사들 간에 진지한 얘기를 학교 안에서만 나누는 데는 한계가 있다고 생각하고 있습니다. 구 선생님은 교사들 간의 사적인 만남에서 술이 몇 순 배 돌고 이야기가 넘쳐나는 분위기가 참 편안합니다. 나의 이야기도 진솔하게 할 수 있고 상대방도 어느 정도는 마음의 문을 열고 대화를 나눌 수 있기 때문에 서로 간에 더 신뢰를 쌓을 수 있는 것은 바로 사적 인간관계라고 믿고 있습니다. 때로는 민감하고 내밀한 문제들도 학교 밖에서의 비공

식 담화를 통하여 쉽게 해결한 경험이 있습니다. 구 선생님에게는 어느새 자기만의 원칙이 생겼습니다. 뭔가 풀리지 않는 문제는 학교 밖에서 사적인 자리를 마련하고 인간적으로 풀면 안 되는 것이 없다고 생각하게 된 것입니다.

교사들의 사적 관계

앞의 두 선생님의 사례를 보면 공감하는 바가 많습니다. 먼저 황 선생님은 학급운영, 수업, 그리고 학교 업무에 이르기까지 무엇 하나 소홀함 없이 잘 해내는 교사인데 단지 교사들 간의 사적 관계 형성에 미숙하다는 이유만으로 소외를 당하는 경우입니다. 그러나 구 선생님의 경우에는 그 반대입니다. 교사들 간의 인간적 유대관계를 적극적으로 형성해야 한다고 믿고 있으며 학교 안에서의 공적 관계만으로는 채울 수 없는 그 무엇이 사적 관계 안에 있다고 생각하고 있습니다.

사실 학교 밖에서의 사적인 관계를 형성하는 것 자체가 잘못된 일은 아닙니다. 그것은 또 하나의 인간관계를 풍요롭게 하는 기술이기도 합니다. 그러나 사적 관계를 통하여 생겨난 일종의 힘이 공적 시스템에까지 영향을 미치는가의 여부입니다. 이러한 것을 직접 경험한 경우에는 많은 사람들이 공식적인 제도와 절차를 따르기보다 사적 영역에서 해결을 시도함으로써 결과적으로 공식적 절차를 무시하는 데에까지 나아가기도 합니다. 어떤 사람들이 특히 사적 관계를 통한 일 처리를 선호할까요? 두말할 것도 없이 능력이 미치지 못하는 경우입니다. 정면 승부가 두려운 사람은 공적 절차보다는 다분히 인간적 관계를 내 세워 상황을 극복하려 시도합니다.

경력이 낮다는 이유로 시험 문항 출제나 연구수업을 억지로 맡은 적이 있다. 우리 교과에서는 내가 제일 어리긴 하지만 자꾸 반복되니 좀 억울하다. 특히 같은 교과 선생님들 중 한 분은 대학의 직속 선배이기도 하다. 이 분은 종종 본인이 처리해야 할 일을 나에게 부탁한다. 그리고는 '언제 저녁 한 번 먹자고!' 이렇게 얼버무린다. 제대로 저녁 한 번 사준 적도 없으면서…. (경력 4년차, 여교사)

인터뷰를 하고 나서 좀 놀랐습니다. 요즘도 저런 분들이 있나하고 말이죠. 왜냐하면 제가 알고 있는 대부분의 경우에서는 시험 문항을 출제할 때 철저하게 역할 분담식 공동 출제에다 연구수업은 순번을 정해서 하기 때문입니다. 이 방법이 좀 삭막하긴 해도 위와 같은 피해자를 만들어 내지 않습니다. 사적인 관계를 통하여 자기의 일을 미루는 것은 정당하지 못한 일입니다.

리더는 사적 관계 형성에 신중을 기해야

리더 역시 사람이기 때문에 리더 주변에 사적 영역이 형성될 수 있습니다. 그리고 조직 구성원의 한 사람으로서 사적인 의사소통과 인간관계의 유지, 친목도모 등에 참여할 수 있습니다. 그러나 여기에서 형성된 사적 관계들이 공적인 업무 처리에 까지 영향을 미치게 해서는 곤란합니다. 리더는 끊임없는 요구와 부탁을 받을 수밖에 없는 위치에 있습니다. 리더의 의사결정에 따라 구성원들이 느끼는 만족도가 다를 수밖에 없기 때문에 구성원들은 자기에게 유리한 결정을 이끌어 내기 위하여 사적관계를 구축하려는 시도를 많이 하게 됩니다. 이것을 바로보고 중심을 잡을 수 있어야 능력 있는 리더라고 할 수 있습니다.

교과연구회 집행부에 참여하면서 느낀 경험이다. 집행부는 10명 정도 되었는데 규칙상으로는 의사결정을 할 때 집행부 회의를 거쳐 결정하도록 되어 있었다. 그런데 굳이 회의를 하지 않아도 될 사소한 사항은 회의를 열어서 결정하고 꼭 회의를 해야 할 중요한 사항은 사전에 회장 선생님과 친한 사람들끼리 먼저 조율이 된다는 사실을 알게 되었다. 그러다 보니 집행부 회의는 형식적인 거수기로 전락하는 경우가 있었다. 더 황당한 것은 10명 밖에 안되는 집행부 안에 '실세'와 '변두리'가 있었다는 사실이다. 실세는 회장 선생님과 이미 사적으로 친한 관계에 있었던 분들이고 이른바 변두리는 실무에 능한 사람들로 돼 있었다. 즉, 의사결정은 실세들이 하고 적용이나 보고서 쓰는 일은 변두리가 하고…, 뭐 대충 그런 구조였다. 몇 번이나 이 문제에 대하여 제기해 보려고 했지만 확실한 근거를 대기도 어렵고 괜히 분란만 일으킬 것 같아 그냥 참고 넘겼다. 덕분에 나를 포함한 변두리들은 보고서 작성에 매달려 2학기를 힘들게 보낼 수밖에 없었다. (경력 9년차, 남교사)

위는 전국적으로 운영되고 있는 교과연구회의 상당수에서 볼 수 있는 현상입니다. 리더 입장에서는 연구과제를 수행함에 있어 믿을만한 사람도 필요하고, 또 실무적으로 능통한 사람도 필요하지요. 그러다 보니 의사결정은 믿을만한 사람들과 하고, 과제의 처리는 실무적으로 능력이 있는 교사들에게 맡겨지는 경우도 있습니다. 중요한 문제를 전체 집행부 회의에 넘겼다가 혹시 리더의 의견과 상반되는 결정이 될까 두려워 자신의 사적관계망

114

을 집행부에 형성시키는 경우가 된 것이지요.

　어떤 경우이든 공식적인 조직 안에 사적관계를 토대로 한 분파나 패거리 문화가 존재하는 것은 바람직스럽지 못합니다. 많은 조직에서 리더들이 이 구분을 명확히 정리하지 못하기 때문에 조직의 건강성이 침해되고 있습니다. 위의 사례에서 보는 바와 같이 말도 못하고 고통을 느끼는 피해자도 생길 수 있다는 점에서 리더의 사적관계망 형성은 신중에 신중을 거듭해야 합니다. 공사의 철저한 구분은 리더와 구성원이 동시에 가져야 하는 덕목 중의 덕목입니다.

공은 공, 사는 사

앞서 언급한 문제들을 해결하는 방법은 의외로 단순합니다. 그것은 바로 '공은 공, 사는 사'라는 원칙을 리더와 구성원이 함께 지켜나가는 것입니다. 조직이 크고 영향력이 클수록 리더에게 가해지는 유형무형의 유혹이 많아집니다. 그 유혹의 대부분은 사적 관계를 통한 청탁일 경우가 많습니다. 이러한 유혹에 리더가 한 번 빠지게 되면 일 처리의 원칙과 기준이 흔들리게 되고 급기야는 조직의 방향성과 건강성에 치명적 문제가 발생합니다.

바람직한 리더가 되기 위해서는 포기해야 할 것이 많습니다. 그중 하나가 바로 구성원들과의 사사로운 관계입니다. 그래서 리더는 고독하고 외로운 길을 갑니다. 리더가 지나치게 구성원들과의 사적 인간관계에 신경을 쓴다거나 사적으로 맺어진 인간관계가 리더의 의사결정에 영향을 미칠 정도까지 되거나…, 이런 정도에까지 이르게 되면 소위 '사적 영향력이 공적 절차를 능가하는' 경우가 됩니다. 결국 조직은 생명력을 잃고 리더-구성원, 구성원-구성원 간의 신뢰가 무너집니다. 그래서 해법은 한 가지 밖에 없습니다. '공은 공, 사는 사' 입니다.

8 진정성, 말한 대로 실천하기

[사례 17] 초등학교 5학년 담임을 맡고 있는 경력 3년차의 송 선생님은 요즘 고민이 많습니다. 특히 도덕 시간에 가르치는 내용과 관련하여 갈등을 겪을 때가 있습니다. '정직한 생활', '이웃과 잘 지내기', '타인의 권익 생각하기', '공익 추구' 와 같은 개념을 설명할 때마다 '과연 나는 얼마나 교과서 속 내용들을 잘 지키면서 살아왔는가?' 라고 자문하게 됩니다. 송 선생님은 이 문제를 두고 선배교사들에게 상담을 요청해 보았습니다. 말하자면 '가르치는 내용과 교사의 삶이 얼마나 일치되어야 하는가?' 에 대한 문제인 것이지요. 한 선배교사로부터는 '송 선생, 참 순진하네. 교사가 무슨 성인군자라도 된단 말인가?' 이런 대답을 얻었습니다. 또 다른 선배교사는 '송

선생이 부럽군. 나에게도 그런 시절이 있었는가를 생각해 보았네. 경력이 더 쌓이더라도 그런 마음 잃지 말기를 바라네.' 이렇게 답하였습니다. 송 선생님은 세상 물정 모르는 순진한 교사일 뿐일까요?

주장과 실천의 통일

리더십 이야기를 시작한 것이 방금 전의 일인 것 같은데 벌써 여덟 번째 주제입니다. 이야기를 하고 있는 저로서는 '넌 제대로 하고 있는가?' 라는 물음을 스스로에게 던져야 할 시점이 되었습니다. 제 자신이 리더십을 발휘해야 할 위치에 있고, 이미 5만 여명에 달하는 전국의 교사들이 가입해 있는 교컴이라는 큰 조직이 운영되고 있다는 것은 이 상황을 긍정하든 부정하든 간에 필자의 리더십 역시 언제든 도마 위에 올려질 수 있는 객관화된 대상 중의 하나라고 생각합니다. 누구든 비판으로부터 자유로울 수 없고 말과 실천이 유리되면 설득력이 없어지는 것은 자명한 일입니다. 다시 말해, 우리가 그동안 접해온 리더십에 대하여 '상투적이고 상업적이며 성과지향적 리더십' 이라고 딱지를 붙여 놓고 비판을 해 대었으니 이제 그 말을 저 자신에게로 돌려 엄중하게 자문해야 한다는 뜻입니다.

저는 1강에서 '…뛰어난 리더십은 구성원 각자의 주체적 능력을 인정하는 것으로부터 출발한다. 구성원들이 가진 능력을 발현하도록 돕고, 그들이 기쁜 마음으로 성취감을 느끼면서 과제를 수행하도록 분위기를 조성하며 결국은 그들의 능력이 골고루 신장되게끔 유도해주는 것…. 이것이 교사에게 요구되는 리더십이라고 정의해두기로 한다…' 라고 하였습니다.

물음의 방식은 간단합니다. '주장한 대로 실천하고 있는가?' 이지요. 말한 것, 주장한 것, 글로 이야기한 것을 실천하려고 노력하는 자세, 이것이 이른바 '진정성' 입니다. 그 사람의 주장과 삶을 비교하여 진정성이 있느냐를 찾아내는 것은 그리 어렵지 않습니다. 특별히 그 사람이 공공의 이익을 위하여 일하는 공인(公人)이라면 그래서 대중들에게 늘 노출되어 있다면 이미 그 자체로 하나의 역할 모델을 수행하고 있는 것이기 때문에 주장과 삶을 통일시키려 노력해야 합니다. 그런데 이것이 참으로 어렵습니다. 예를 들어 사교육의 폐해를 비판하면서 내 자식은 사교육에 의존한다든지, 입시교육을 저주하면서 내 자신 그 일부를 담당하여 아이들을 입시전장으로 내몰고 있다든지, 권위주의적 리더십을 비판해 마지않으면서 내 스스로는 권위를 세우기 위해 애를 쓴다든지 하는 것은 대한민국의 교사로 살면서 '말과 실천'을 통일시키기가 얼마나 어려운 문제인지를 잘 보여주고 있지요.

　교장선생님께서는 박사학위를 취득한 엘리트이시다. 교육사회학을 전공하셨기 때문에 우리 교육현실이나 학교의 문제 등을 탁월하게 분석하신다. 놀라우리만치 진보적인 입장에서 한국교육의 구조적인 모순을 조목조목 분석할 때는 경외심이 생길 정도이다. 동원하는 근거도 너무 풍부하고 우리 학교 상황과도 맞아 떨어지는 것이 많아 이야기를 들을 때면 나도 모르게 빠져든다. 그런데 문제는 교장선생님께서 주장하시는 내용들과 그 분의 생활이나 삶의 방식은 너무 큰 차이가 있다는 것이다. 특목고가 제 역할을 하지 못하고 있다고 비판을 하시지만 당신의 자녀는 특목고 출신이다. 교사들의 자율성만이 교육을 구할 수 있는 큰 힘이 된다고 말씀하시는데 정작 학교 운영에서는 자율에 호소하기보다는 상부의 공문을 더 중요하게 생각하신다. 교원의 승진 제도의 문제점에 대하여 분석할 때는 전문가가 따로 없을 정도이지만 당신 스스로 교장 임기가 끝나도 정년이 2년이나 남아 있으니 어찌해야 할지 고민이라 하신다. 이런 교장선생님이 나에게 실망을 주는 것은 틀림이 없지만 나는 이것이 꼭 우리 교장선생님만의 문제라고는 보지 않는다. 오히려 이 상황은 한국 사회에서 주장과 실천을 일관되게 가져가기가 얼마나 어려운 문제인가를 보여주는 경우라고 생각한다.(경력 22년차, 남교사)

언행일치(言行一致)나 지행합일(知行合一)이라는 말을 종종 씁니다. 말과 행동이 일치되어야 하고 아는 바를 실천하지 않으면 쓸모가 없다는 뜻이겠지요. 왕양명은 '지행(知行)'이 분열되는 것은 '사욕(私慾)'이 작용하기 때문이라고 하여, 현실적으로 지행합일(知行合一)의 필요조건으로서 '사욕'의 배제를 들었다고 합니다. 진정한 리더십의 발현을 위해서는 용기와 희생과 또한 손에 쥔 것을 과감하게 버릴 수 있는 빈 마음이 동시에 필요함을 느끼게 해 주는 대목입니다. 가끔 이러한 빈 마음을 가진 분들을 만날 기회가 있지만 그런 삶이 얼마나 고단하고 외로운 삶인가를 우리는 너무나 잘 알고 있습니다.

그럼에도 불구하고 우리는 자신의 안목과 능력이 허락하는 한 노력해야 합니다. 모든 것을 구조의 탓으로 돌리면서 '어차피 개인의 노력으로 될 성질이 아니라고' 치부해 버릴 일이 아닙니다. 구조를 개선하고자 하는 거시적 안목과 노력이 바람직한 교사 리더십의 한 부분이 되어야 하는 것은 너무나 당연하고, 그를 실현하기 위한 리더의 실천이 괴리되어서는 안 된다는 것입니다.

한편 리더십의 진정성을 위하여 순결한 윤리성을 강요한다거나 지나치게 성찰적 삶을 살도록 강요하는 것도 문제가 될 수 있습니다. 제도나 시스템은 변함이 없는데 진정성을 강조한다고 해서 리더에게 순교자적 삶을 강요하는 방식은 이 책의 앞에서 말씀드렸던 대로 개인만 성실하게 헌신하면 구조의 문제까지도 해결될 수 있다는 허상을 심어줄 위험이 있다는 것이지요. 누구나 동의하듯이 무한경쟁 대입 시스템, 이성을 잃은 교육열 등이 지배하는 한국사회 교육구조 아래서는 더욱 그러합니다. 사실 이런 광적 분위기 속에서는 제 정신 차리고 앞 뒤 분간만 할 수 있어도, 백을 백으로, 흑을 흑으로 볼 수 있는 눈만 있어도 교사로서는 '최선'이라고 생각합니다.

결국 제도와 구조가 가지고 있는 한계를 바로 보고 그것을 개선하기 위한 제반의 노력과 지금 당장 리더가 실천해야 할 과제들이 통일적으로 수행될 때 바람직한 리더십에 대한 희망을 엿볼 수 있습니다. 그렇게 해서 현실과 부대끼고 대중과 호흡하면서 그 결과로 형성되는 진정성이라면 모순 덩어리 한국 사회 교육구조에도 일말의 희망을 던져주는 것이 될 것입니다. 다음은 8년 전쯤에 모 신문에 제가 썼던 칼럼입니다. 주장과 실천을 일관되

게 갖기 위한 노력이 참으로 어렵다고 느껴질 때, 가끔 제
가 쓴 글을 읽어보면서 초심을 생각합니다.

어른의 욕심, 아이들의 행복

우리 부부는 두 아이와 함께 살고 있다. 큰 아이는 초등학교 3학년으로 아들이고, 작은 아이는 1학년인데 딸이다. 부부교사인지라 특별하고도 대단한 자녀교육관으로 무장하고 아이들을 키울 것 같지만 실은 우리 부부는 요즘 한국사회 기준으로 보면 빵점짜리 엄마, 아빠이다. 아이들의 무질서하기 이를 데 없는 생활은 그렇다고 치고, 공부도 썩 잘하는 편이 아니다. 공부를 못하면 잘 놀기라도 해야 할 텐데 친구들과 잘 어울리는 편도 아니다. 물론 아이들이 공부를 못하거나 사회성이 부족한 까닭은 부모의 탓이 클 것이다.

남들처럼 초등학교에 입학하기 전부터 한글을 깨치게 하고, 영어 공부를 시킨 적이 없으니 공부를 못하는 것이야 당연한 귀결이요, 맞벌이 부부들이 다 그렇듯이 이웃 간에 교제가 활발치 못하니 아이들도 부모에게 사회화를 배울 기회가 없었을 터이다. 더구나 그동안 줄곧 아파트 생활만 해왔으니 더 말해 무엇 하랴. 그나마 아이들이 다니는 피아노 학원도 무슨 특별한 목표가 있다기보다 방과 후에 아이들을 맡아줄 마땅한 장소가 없으므로 그저 '한 시간이라도 아이들을 좀 맡아 주십사' 하는 별로 순수하지 못한 동기에 기초하고 있다.

그렇다보니 우리 아이들이 요즘 체르니 몇 번을 하고 있는지, 어떤 이론을 배우고 있는지 도무지 알지 못한다. 아이들도 빵점 부모에 잘 길들여져 새삼스럽게 공부를 간섭하려 하거나 학원을 하나 더 늘려 보내려면 이러저러한 이유를 그럴싸하게 붙여 거부하기도 한다.

가끔 아이들 교육에 관한 주제로 토론을 해보기도 하지만 대개는 뚜렷한 결론 없이 '환멸스러운 한국의 교육현실'을 토로하다가 이내 지치고 만다. '남들처럼 똑 같이 경쟁에 내몰리게 하는 교육은 하지 않을 거야'라고 다짐이야 하지만 학교라는 사회에 썩 훌륭하게 적응하지 못하는 아이들을 보면 우리 부부는 가슴 한켠에 늘 답답함을 지니고 있다. 그렇다고 우리만의 명쾌한 자녀교육 방침도 가지고 있지 못하니 남들에게 '우리는 교사요'라고 말하기도 머쓱하다. 사정이 이렇다보니 남들이 '효과적인 자녀교육'에 대하여 이야기할 때 별로 할 말이 없어서 뒷전에 물러서기 일쑤이다. 아마 아내도 그런 모양이다.

가끔 우리 식구들이 활기에 넘칠 때는 큰 아이가 요리에 관한 이야기를 하거나 작은 아이가 자기가 그린 그림을 가족들에게 보여주며 설명할 때이다. 큰 아이는 요리사 겸 식당 주인이 꿈이다. 2층으로 된 식당을 운영하는 것이 꿈이라며 꽤 세밀한 설계 도면을 작성해 온다. 식탁은 어떻게 배치하고 주방에는 어떤 기구를 들여놓고 메뉴는 이렇게 하겠다는 것을 설계도면을 놓고 가족들에게 설명할 때면 이 녀석의 눈이 비로소 반짝거린다.

딸아이는 그림을 자주 그린다. '다작'을 하는 편이어서 어떤 때에는 하루에 10여 편의 그림을 그려와 신나게 발표한다. 아직은 '때묻지 않은' 아이다운 그림을 곧잘 그린다. 부모의 눈으로 보기에도 '이 그림 속의 얼굴은 살아 있는 것 같다.'고 감탄할 때가 많다. 다른 것은 제약이 좀 있는 편이지만 딸아이가 그림 그리는데 필요한 스케치북과 그림물감은 아낌없이 공급하고 있다.

다른 것은 몰라도 큰 아이가 식당 설계를 하거나 작은 아이가 그림을 그리는 순간만큼은 행복해하는 것이 눈에 보인다. 번듯한 식당 주인이 되지 못할 수도 있고 이름 있는 화가가 되지 못할 가능성이 더 많을 것이다. 그렇지만 지금 현재 즐거워하는 아이들의 모습이 중요하지 않을까? 우리 부부 역시 애들 공부 문제로 고민할 때보다 가끔씩 주어지는 이런 분위기를 사랑한다. 우리는 그저 아이들이 자신의 삶을 선택할 수 있도록 조금만 도와주면 된다고 생각한다.

최근 공교육 부실화에 대한 여론이 끓는다. 그리하여 많은 수의 학부모들이 자녀들을 이끌고 교육이민의 길에 오른다. 학교에 대한 신뢰가 떨어지다 보니 자꾸 사교육 시장이 기승을 부리고 과외비로 지출되는 돈은 가정 경제를 휘청거리게 만든다. 이러한 교육 황폐화의 원인 중의 하나가 바로 어른들의 욕심이란 생각이 든다. 정작 아이들이 행복해 하는지, 만족감을 느끼는지에 대하여는 전혀 상관치 않으면서 경쟁으로 내모는 일에 부모들이 앞장서고 있는 것은 아닌지 자문해 볼 일이다

- 이 글은 2001년 8월 〈전교학신문〉에 게재된 필자의 칼럼입니다.

9

'촉진'이
'처방'에게
묻는다

[사례 18] 변 선생님은 학기 초에 이뤄지는 학부모 상담 때가 되면 난처할 때가 많습니다. 학부모들은 아이의 학교생활이나 공부 습관에 대하여 물어오고, 학생의 태도가 성적을 향상시키는 데 어떤 영향을 미칠지 물어옵니다. 더 나아가서는 성적이 향상되기 위해서 아이가 무엇을 고쳐야 할지, 집에서는 어떻게 지도해야 할지를 물어옵니다. 학원 선생님은 이런 이야기를 해 주셨다며 선생님의 의견은 어떠시냐고 묻는 경우도 많습니다. 너무 일반적으로 이야기해 주면 학부모 입장에서는 혹시 담임선생님이 우리 아이에 대하여 아직 덜 파악하고 있는 것이 아닐까라고 의심하는 것 같습니다. 그렇다고 변 선생님이 관찰한대로 구체적으로 이야기해주려니 학생의 상태

를 규정해 버리는 것 같아 그것도 좋은 방법은 아닌 것 같습니다. 변 선생님은 아이의 잘못된 점을 이야기하기 보다는 이 아이가 잘하는 것, 즐거워하는 것에 대하여 이야기를 나누고 싶은데, 학부모는 늘 공부와 관련된 상담만을 원하는 탓에 상담 후에도 늘 개운치가 않습니다.

[사례 19] 경력 3년차인 양 선생님은 수업에서 아이들을 집중시키기가 너무 힘듭니다. 그래서 같은 학교의 선배 교사와 대화를 나누었습니다. 양 선생님이 알고 싶은 것은 아이들이 수업에 집중하지 않고, 심지어는 수업을 노골적으로 방해하는 이유가 무엇인지입니다. 경력이 많은 선배 교사는 그것을 알고 있을 것이라는 생각이 들었습니다. 그러나 한 시간이 넘는 대화에도 불구하고 양 선생님은 명쾌한 해결책을 듣지 못했다고 생각합니다. 선배 교사는 주로 이야기를 듣기만 하고 가끔 자신의 경험을 들려줄 뿐, 양 선생님의 수업 방식에 대하여 무엇이 잘못되었는지 판단해 주지 않았습니다. 기껏해야 양 선생님이 한껏 열이 나서 이야기할 때 '아, 그래요? 그때 선생님은 꽤 화가 나셨지요?' 이런 정도의 대꾸만 하십니다. 양 선생님은 그래서 단도직입적으로 요청을 합니다. '선생님, 아이들이 선생님 시간에는 말도 잘 듣고, 조용한 상태에서 집중도 잘 하고, 또 학습에도 열심히 참여하는 것처럼 보이는데, 왜 제 시간은 그렇지 않죠? 저에게 어떤 잘못이 있

는 것인가요? 제가 무엇을 고치면 되죠?'

구성원을 어떤 대상으로 볼 것인가?

[사례 18]에서 학부모, [사례 19]에서 양 선생님의 사고방식 중에는 공통점이 한 가지 발견됩니다. 문제를 한 방에 해결하는 방법을 구하고 있다는 점이 공통점이요, 누군가는 그 방법을 알고 있다고 생각하는 점입니다. 그래서 그 방법을 잘 알고 적용시키면 문제의 상당 부분이 해결될 수 있다는 믿음을 가지고 있군요. 그런데 아쉽게도 이런 '확실한 방법' 같은 것은 존재하지 않습니다. 만약 이런 '확실한 방법'이 존재한다면 지금처럼 교실붕괴니, 집단 따돌림이니, 비행청소년이니 이런 문제는 생겨나지 않았을 것입니다. 많은 사람들이 문제 상황에는 반드시 그에 합당한 해결책이 있다고 믿고 있습니다. 그럼에도 불구하고 우리 주변에는 해결된 문제보다는 해결되지 않은 문제들이 많이 있는 듯 합니다.

심리학의 한 갈래로 '긍정심리학(positive psychology)'이라는 것이 있습니다. 긍정이라는 이름을 달고 나온 데에는 그동안의 심리학이 주로 인간의 이상(異常) 상태에 초점을 맞추어 이를 진단하고 처방하는 역할을 해 왔다는 것에서 기인합니다. 행동과학적 심리학에서 연구의 대상은 주로 '상식에서 벗어난 인간들의 행동'이었습니다. 상식으로부터 벗어나는 사람들이 취하는 행위 양식의 공통점들을 연구하고 상담이 필요한 사람은 상담을, 치료가 필요한 사람에게는 치료를, 격리가 필요한 경우 격리를 하였습니다. 이것이 처방입니다.

이에 비하여 긍정심리학은 용어에서 풍기는 느낌대로 존재와 현상 자체를 인정합니다. 그리고 관찰 대상이 가지고 있는 잠재적 능력을 찾아내려 노력합니다. 관찰 대상의 부정적 행태에 주목하기보다 이 사람이 앞으로 보여줄 수 있는 능력, 발전할 수 있는 가능성 등에 더욱 주목합니다. 그래서 작은 것이라도 발전할 수 있는 가능성이 있는 요소가 있다면 그 점을 발굴하여 지속적으로 격려, 촉진합니다. 그래서 긍정심리학이라는 이름이 붙여졌습니다.

즉, 인간을 통제와 처방이 필요한 대상으로 볼 것이냐, 잠재적 가능성에 초점을 두고 긍정적 요소를 촉진시켜줄 것이냐가 두 접근 방식의 차이입니다.

통제와 처방에 의존하는 리더십

당연히 우리 주변에도 구성원을 통제와 처방이 필요한 대상으로 파악하는 리더가 많습니다. 이런 리더는 구성원들에게서 끊임없이 문제점을 발견하기 위해서 노력합니다. 그래서 발견된 문제점을 지적해주고 분석하며, 시정해주는 것을 리더의 미덕으로 압니다. 물론 구성원들에게서 발견된 문제점은 위에서 언급한 '상식에서 벗어난 것' 들입니다. 처방의 방식은 뻔합니다. '상식 안으로 들어오도록 강제하거나 유도하는 것' 입니다. 이러한 통제에 구성원이 따라주면 그에 대한 보상이 주어지고 지속적으로 벗어나려 할 경우 불이익을 줍니다. 리더의 지위가 높고 권한이 큰 경우 이런 리더십이 많이 발견된다. 이러한 리더십에서는 의사결정이 항상 위에서 아래로 수직적으로 이루어집니다. 군대, 경찰 이런 조직에서는 이런 리더십이 강력한 힘을 발휘합니다. 그러나 혹시 교사들의 조직이나 학급운영을 할 때 이런 방식에 의존하는 교사가 있다면 크게 고민해 볼 일입니다.

6학년 담임회의에서 토론이 벌어졌다. 요즘 아이들이 너무 산만하고 동료학생 간에 예의가 없으며 예전보다 훨씬 더 무질서해 졌고, 그러다 보니 사고도 많이 발생되고 있으니 이에 대하여 어떻게 지도하면 좋을지를 토론하는 자리였다. 모두 열 분의 선생님이 참여했다. 15년 경력의 4반 담임 선생님께서는 요즘 아이들이 너무 귀하게 자라고 있는 것이 문제라고 하셨다. 집에서 오냐오냐하고 모든 것을 받아 주니 아이 입장에서는 모든 것이 만만해 보이고 무서운 게 없다는 말씀이셨다. 학년부장 선생님께서는 아이들이 어렸을 때부터 너무 공부에 치이다 보니 정서를 순화할 기회를 갖지 못한 것이 큰 문제라고 하셨다.

두 분의 이야기가 모두 공감이 가는 내용이었다. 그런데 지도 방식을 놓고는 사뭇 다른 의견이 나왔다. 4반 담임 선생님께서는 아이들을 좀더 엄하게 지도하는 쪽으로 모든 담임 선생님들이 공동보조를 맞추자는 것이었다. 4반 담임 선생님 말씀을 골자는 지각, 수업태도 불량, 친구들과의 다툼 등 몇 가지만이라도 확실하게 교정시켜야 할 것을 목록으로 만들어 철저하게 지도하자는 말씀이다. 학년부장 선생님께서는 그 방법도 좋지만 뭔가 아이들의 긴장을 풀어줄 수 있는 프로그램을 고민해 보자고 말씀하신다. 예를 들면 아이들이 좋아하는 댄스경연대회라든지, 학급 대항 운동경기 같은 행사를 통하여 아이들이 해소할 수 있는 기회를 주자고 하셨다. 두 분의 말씀이 모두 일리가 있는 것 같아 나는 어떤 의견에도 찬성하거나 반대하기가 힘들었다. (경력 6년차, 초등학교 여교사)

위의 인터뷰 사례에서 4반 담임 선생님과 학년부장 선생님은 목표가 같습니다. 무질서하고 버릇없는 요즘 아이들을 어떻게 하면 차분하게 하여 학교생활에 잘 적응시킬 수 있을까 하는 것이지요. 다만, 그 방법에 있어서는 다소의 차이를 보이고 있군요. 한 사람은 좀더 통제를 강화하자는 쪽이고 한 분은 아이들의 스트레스를 발산할 수 있는 기회를 마련해주는 것이 어떠냐는 의견입니다.

현실에서는 백 마디의 말보다 한 번의 회초리가 위력을 발휘할 때가 많습니다. 또 아이들의 입장에서도 복잡한 훈화를 듣는 것 보다는 간단한 벌칙 한 가지를 수행하는 것을 선호합니다. 저는 동학년 선생님들께서 이 문제를 놓고 토론의 시간을 가졌다는 것에 의미를 둡니다. 물론 실천은 각 학급의 사정에 맞게 할 수 밖에 없습니다. 말이 공동보조이지 각 학급의 천차만별한 환경과 조건으로 인해 열 명의 담임 선생님들이 똑 같은 실천을 하기란 쉽지 않습니다. 각 학급은 그 나름대로 담임 선생님의 학급운영 방침에 아이들의 의견을 더하여 실천하게 되겠지요.

다시 생각하는 장학

지금까지 교사는 자율적 존재였을까요? 아니면 통제와 처방이 필요한 '관리 대상' 이었을까요? 교사를 둘러싸고 있는 환경을 보면 아직 교사들은 자율적이지 않습니다. 오히려 최근에는 교사들의 자율성이 지난 몇 년간에 비하여 약화되는 느낌마저도 있습니다. 중앙 정부에서는 시도로 권한을 대폭 이양하면서 단위학교의 자율화를 지향한다고 하는데, 이를 받아들이는 교사들은 썩 반갑지가 않은 모양입니다. 그 이유는 교사들에게 자율성이 확보되어 있지 못한 상태에서 주어지는 자율화는 교사보다는 학교 경영자의 자율화에 불과하다는 것을 몸으로 느끼고 있기 때문이지요. 교사들은 여전히 관리와 통제의 대상이며, 결핍을 찾아내고 보충해 주어야 하는 존재로 인식되고 있습니다. 형식적으로는 바로 '장학' 이 그 역할을 하고 있습니다.

예로부터 장학(supervision)은 교사보다는 뭔가 더 많이 아는 전문가가(super) 교사보다는 좀더 높은 위치에서 관찰하고 지도하는(vision) 행위로 통용되어 왔습니다. 물론 이것의 부작용이 심각하여 최근에는 장학지도라는 말 대신 장학협의라는 말도 많이 쓰이고 동료교사와의 교류에 의한 장학방법의 일환으로 동료장학이라는 것도 생겨났지만 하여튼, 장학이라는 단어가 현장교사들에게 주는 어감은 긍정보다는 부정 쪽에 가깝습니다. 장학 활동이 가져다 준 '형식화와 동원' 이 우리에게 선물한 것은 원래 좋은 뜻도 아니었던 장학활동을 좀더 '한국적 상황에 맞게 왜곡시킨 것' 뿐이었습니다.

장학 활동이 매력적이지 못한 이유는 간단합니다. 장학활동이 교사들의 자발성을 끌어내는 동인이 부족하거나 아예 없기 때문입니다. 이것을 규명하는 데는 긴 시간이 필요하지 않습니다. 간단하게 현재 장학사들이 하고 있는 업무가 장학인가 아닌가를 따져보면 될 일입니다. 또 하나는 장학사가 되고자 했던 동기를 물어 보면 간단하게 알 수 있습니다. 교사들의 수업전문성 신장을 위한 장학 활동을 열심히 하고 싶어서 장학사가 되었는지, 아니면 교감, 교장 되는 길이 좀더 빠른 길이어서인지 말이죠.

물론 장학은 장학사만 하는 것이 아니고 학교 자체 계획(자율장학)에 의해서도 이루어지고 동료간에도 이루어지며(동료장학) 스스로 행하는(자기장학) 장학도 있습니다. 문제는 이것들이 교사들의 필요와 요구라기보다는 상급기관의 필요에 의하여 이루어진다는 데 있습니다. 교사들은 이를 통하여 형식적으로 문서를 완성하고 보고하는 데 치중하게 됩니다. 정작 이를 통하여 달성하고자

했던 수업전문성 신장이라는 과제는 허구화되고 맙니다.

　아이들에게 '장학사 오는 날'로 추억되는 장학 활동은, 그날은 청소를 더 열심히 하고 장학사가 다녀갈 때까지 좀 더 정숙하게 앉아 열심히 공부해야 하는, '어려서부터 터득해 가는 형식화의 길'이라는 슬픈 학습 과정입니다. 혹시라도 그럴싸하게 이름을 바꾸어 장학을 포장한다고 해도 장학 활동이 가진 근본적인 문제의식과 (교사들의 전문성 부족을 관찰, 진단하고 적절한 처방을 내리면 전문성이 신장될 것이라고 믿는) 시대의 흐름을 읽지 못하는 고답적 방법에 대한 인식 전환이 없는 한, 장학이 가진 문제점은 그대로 남습니다. 그것이 동료들과의 수평적 의사교류에 의한 것이든, 컨설턴트와의 상담에 의한 것이든 장학이라는 이름 하에 이루어지는 교사들의 전문성 신장 노력은 결국 형식화로 귀결될 것입니다.

　만약 의사결정의 위치에 있는 사람들의 머리 속에 장학의 강조와 교사들의 수업평가를 묶어 사고해 보려는 순수하지 못한 저의가 있다면 그것이야 말로 장학이 가진 일말의 긍정적 의의마저도 훼손하는 위험천만한 발상입니다.

공유와 촉진을 중시하는 리더십

구성원들의 잠재적 능력과 가능성을 발견하기 위하여 늘 노력하는 리더십은 설사 문제점을 발견했다 하더라도 이것을 긍정적으로 환원하여 볼 수 있는 능력이 있습니다. 모든 것을 구성원 개인이 가진 '에너지'의 한 종류로 보고 그것을 건강한 쪽으로 유도하며 방향을 제시하고 옆에서 함께 고민합니다. 이것이 촉진(facilitation)입니다. 이런 성향의 리더는 구성원에게 무엇을 지시하기보다 먼저 본(model)을 보입니다. 그리고 그것을 따라할 수 있는 분위기를 조성합니다. 성과물은 늘 공유되거나 구성원들의 공으로 돌립니다. 어떤 경우 누가 리더이고 누가 구성원인지 분간이 어려울 때도 있습니다. 질서와 규율이 잡혀있지 않은 듯 보이기도 합니다. 그러나 이러한 안목을 가진 리더와 그의 조직은 '자유로움 속의 질서', '잠재적 가능성의 발현', '책임과 권한의 공유'가 자연스럽게 이루어지면서 수평적이고 민주적인 조직으로 발전해 갑니다.

공유와 촉진이 있는 조직에서 자유로운 상상력과 창의력, 문제해결력이 신장됩니다. 구성원들은 합리적 절차에 따라 민주적으로 의사결정을 하고 결정된 사항을 잘 추진하며 반성적 사고를 통하여 다음 과제를 처리하기 위한 준비를 합니다. 활동 과정 자체가 에너지를 축적해 가는 과정이요, 그 성과가 고스란히 구성원들의 능력을 신장하는 쪽으로 환원됩니다. 결국, 의도하지 않아도 조직에서 이뤄낸 성과의 양과 질은 통제와 처방에 의존하는 리더십보다 크지요. 게다가 활동 자체가 즐겁습니다. 지금 내가 이끄는 조직 혹은 학급을 대상으로 관찰해 보십시오. 구성원들이 나의 눈치를 많이 보는 분위기인지, 늘 행복해 하는지, 의사결정은 주로 내가 하는지, 구성원들이 공동으로 참여하는지, 물 흐르듯 소통이 잘 되는지, 리더의 지시가 없으면 아무도 움직이지 않는 조직인지를 살펴보면 어렵지 않게 내가 어떤 리더인지 알 수 있습니다.

10

하나의 가능성,
온라인 리더십

[사례 20] 초등학교에서 5학년 담임을 맡고 있는 고 선생님의 사회과 연구수업이 2주 앞으로 다가 왔습니다. 학습주제를 잡고, 지도안을 작성한 후 필요한 학습 준비물, 학습지 등을 마련하는 순서로 연구수업을 준비하려고 합니다. 단원은 '우리가 사는 지역' 으로 잡았고 학습주제는 '도시와 촌락의 생활' 로 하기로 했습니다. 특히 촌락에서 도시로 인구가 유입되는 원인과 대책 부분을 중점적으로 공부하기로 하고 관련 자료를 찾고 있습니다. 토론학습으로 하는 것이 학습목표를 달성하는 데 효과적일 것 같아 토론학습에 대한 도움도 구하고 싶은 상태입니다. 또 인구 이동과 관련한 학습을 진행하는 과정에서 통계 수치와 그래프도 간간히 나오기 때문에 학생들

이 직접 그래프를 그리는 실습도 하고 싶습니다. 그러나 현재 고 선생님이 근무하는 학교에서는 이에 대하여 마땅하게 조언을 주실만한 선생님이 없습니다. 고 선생님은 언젠가 한번 접속해 보았던 에듀넷의 지식교류를 떠 올렸습니다.

지식교류 코너를 찾아가 연구수업을 앞두고 고민되는 점에 대하여 질문을 올렸습니다. 간단한 연구수업 계획과 이 학습 주제를 공부하기 위해서 필요한 통계관련 지식이나 그래프, 또 이 주제를 토론학습으로 진행하려고 할 때 방법과 주의할 점 등등을 올렸습니다. 질문을 올리고 이틀이 지난 후 지식교류 코너에 들어가 보니 기대 이상으로 많은 답변들이 있었습니다. 답변을 해 준 분들 중에는 중학교 수학교사와 국어과 교사도 있었고 또 같은 학년을 담당하는 초등학교 교사의 경험담도 있었습니다. 수학교사는 그래프를 한글 워드프로세서로 실습하면 학습자의 흥미를 높일 수 있다는 점과 함께 표를 그래프로 변환하는 방법을 설명해 주었고, 국어과 교사는 토론학습에서 주의할 점을 조언해 주었습니다. 또 같은 학년의 초등학교 선생님은 자기도 같은 주제로 연구수업을 했던 적이 있는데 그 당시에는 '프로젝트 학습' 방법을 사용했었다고 하면서 그때 경험을 자세히 적어주셨습니다. 고 선생님은 갑자기 부자가 된 느낌이 들었습니다.

교사문화

교사문화는 한마디로 '교사들이 행하는 생활양식'이라고 볼 수 있습니다. 교사문화에 관해서는 오래 전부터 여러 연구자들이 연구를 거듭해 왔습니다. 과거에는 좀더 효율적 관리를 위하여 교사들의 문화 특성에 대한 연구가 이루어졌고 최근에는 교사들의 직무 만족도를 향상하기 위해 교사문화에 대한 연구가 활발하게 이루어지고 있습니다. 여기서는 교사문화의 이론적 측면보다는 주로 경험적인 측면들과 연결하여 이야기를 해 보고자 합니다.

요즘 선생님들께서 하시는 말씀 가운데 하나가 '교사들의 문화가 많이 바뀌었어.'라는 것입니다. 그 이유 중의 하나로 승용차 보급률을 드는 분들이 있습니다. 승용차가 대폭 늘어나면서 선생님들도 대부분 승용차로 출퇴근을 하는 경우가 많아졌습니다. 이는 '퇴근 후 한 잔'하며 이야기꽃을 피우는 문화를 감소시켰습니다. 교사들이 과거보다 훨씬 '개인화'되어 가고 있다는 말도 합니다. 개인화라는 문제는 비단 교사에게만 국한된 것은 아니지요. 사회 전반적인 현상이 교직에서도 관철되고 있다고 보는 것이 맞을 것 같습니다.

요즘 젊은 교사들은 내가 그 시절이었을 때와는 많이 다르다는 생각이 든다. 수업시수 조정을 비롯한 개인적인 이해가 걸린 문제에서 과거처럼 선배교사들의 눈치를 보는 일은 거의 없다. 자기주장이 명확하고 손해 보는 일은 하려 하지 않는다. 젊은 교사들에게 눈치 보이는 것이 싫어 연구수업을 자청했던 적이 한 번 있다. 그런데 젊은 교사들은 마치도 당연한 결과라는 듯한 반응을 보였다. 빈말이라도 고맙다는 말을 기대했던 내가 원망스러웠다. 10년 전만 하더라도 이러지는 않았을 것이다. '이제 내가 정말 늙었구나.' 이런 생각이 들었다. (경력 32년차, 남교사)

요즘 교사들은 '모두의 일' 보다 '내 자신의 문제' 를 더 비중 있게 생각하는 것 같아 보입니다. 이러한 개인화 현상은 학교 안과 학교 밖에서 교사들끼리의 교류를 막고 있습니다. 학자들은 이것을 고립화로 표현하기도 합니다. 교사들은 자기 교실 안에 고립되어 외부 세계와 단절된 채 혼자 계획하고 혼자 진행하며 혼자 마무리한다는 것이지요. 각 학교마다 교직단체의 분회가 활동하고 있지만 그렇게 활성화되어 있는 것 같지는 않습니다. 예를 들어 전교조의 경우 단체의 존립 자체를 위해 활동을 했던 과거에는 활동 자체가 조합원 모두의 관심사항이었지만 지금은 선택할 수 있는 것 중의 한 가지가 되었습니다. 그래서 특별한 사안이 없으면 모이지 않는 것이 보편적인 현상으로 되어 가고 있습니다. 다른 교원단체 역시 학교 안에서의 의미 있는 활동이 벌어지는 경우는 극히 드물고 상급 단체 위주로 활동이 이루어지고 있습니다.

이렇게 보면 동료교사들 간의 대화의 통로는 앞으로도 점점 감소해가는 추세가 될 것 같습니다. 개인화와 고립화 같은 문화는 타인의 문제에 대하여 신경 쓰지 않는 '상호불간섭'의 문화를 만들어 냅니다. 그래서 다른 교사들의 행동 양식에 대하여 긍정적이든 부정적이든 언급하지 않는 교사들 특유의 문화를 생성합니다. 이런 것들이 교사들이 가지고 있는 '보신주의'와 맞물려 고립화와 상호불간섭 주의를 더욱 심화시키는 것으로 생각됩니다.

물론 내가 선배교사들에게 자문을 구하거나 도움을 요청할 수 있는 부분이 있다. 그런데 먼저 이야기를 청해 오면 좀 부담스러울 때가 있다. 딱히 공통의 화제를 찾기도 쉽지 않고, '내가 젊었을 때는 학교가 이러이러 했어' 이런 식의 추억담은 별로 듣고 싶지 않고, 경력이 좀 많다는 이유만으로 모든 것이 인정되는 것은 아니라는 생각이 든다. 나에게 주어진 수업과 업무에서 문제가 생기지 않으면 된다고 본다. 그 다음에 교사들끼리의 관계는 사실 선택 아닌가? 인화니 단결이니 이런 과거 시대 슬로건 같은 것으로 자꾸 교사들 간의 분위기를 인위적으로 만들고 거기에 동참을 강요하는 것은 싫다. (경력 4년차, 여교사)

한편, 반드시 동료교사들과 어울려야 하고 그렇게 하여 집단의 문화 속에 편입되어야 되는 것은 아닙니다. 특히 선후배 교사간의 의사소통은 인위적으로 강제한다고 활성화되는 문제는 아닙니다. 교사들이 개인화되어 가는 추세는 비단 교사들만의 문제가 아니라 사회 발전에 따른 전반적 현상으로 보아야 합니다. 과거에 비하여 개인적으로도 충분히 즐거울 수 있고 가치를 실현할 수 있다면 단순히 공동체 정신이 약하다고 나무랄 일은 아니지요. 문제는 개인화되어 가고 있는 교사문화가 아니라 이들의 공통 관심사가 무엇인가, 또 다른 형태의 공동체를 어떤 방식으로 형성할 수 있을까에 대한 진지한 고민과 모색입니다.

온라인

학교와 관련된 교사들의 문화가 이러한 개인화, 고립성을 보이는 것과 달리 인터넷의 일상화는 교사들을 온라인 공간으로 불러들이고 있습니다. [사례 20]에서 고 선생님의 경우가 이에 해당됩니다. 자신이 속한 학교 공간에서는 수업과 관련하여 특별하게 대화를 나누고 싶은 동료교사가 없지만 온라인 공간에서는 학교에서보다는 더 많은 경험을 가진 교사들이 있을 것이고, 좀더 부담이 덜한 상태에서 서로의 이야기를 주고받을 수 있으니 오프라인에서 맛보지 못하는 다양한 만족감이 있습니다. 이렇게 온라인에서 대화를 주고받는데 특별한 기술이나 장비를 요하는 것도 아니고 단지 인터넷에 연결되는 컴퓨터만 있으면 된다는 사실은 온라인 교류가 대중화될 수 있다는 가능성을 보여주는 것입니다.

온라인은 개인과 집단 참여라는 양면성을 가지고 있습니다. 참여하는 사람의 행위 양식은 개인적일 수 있지만 이것들의 총합은 자연스럽게 집단적이며 공동체적 실천 행위로 전환됩니다. 온라인에서는 '느슨한 결합(loosely-coupled)'이 힘을 발휘합니다. 개인에게 직접적인 책임을 부여하지 않습니다. 접속하고 안하고는 오로지 개인이 판단하는 문제입니다. 또 함께 접속해 들어오는 사람들과 관계를 맺을 것인가 말 것인가 하는 점도 오로지 개인의 선택에 달려 있습니다. 즉, 개인의 자유의지에 따라 활동의 폭이 결정되는 것이지요. 바로 이런 방식이 온라인 공동체가 성장할 수 있는 힘이 됩니다. 개인에게

과도한 책임 혹은 과제 이행을 요구하지 않되, 참여 자체가 힘이 되는 것을 확인시켜주는 과정을 반복하게 되면서 참여자들의 의식도 전환되어 갑니다. 어제까지는 일반적인 참여자에 불과했던 교사가 오늘은 어느새 자발적으로 게시물을 올리고 여기저기 댓글을 다는 현상은 흔히 볼 수 있는 온라인 풍경 중의 하나입니다.

온라인과 교사

기본적으로 온라인에서 이루어지는 교사들의 활동은 상대방을 직접 만나지 않는다는 것을 전제로 합니다. 참여하는 교사들도 제각각 다양한 동기를 가지고 있습니다. 오로지 유일한 공통점은 '온라인 활동'에 매력을 느낀다는 것입니다. 온라인 활동을 이끄는 리더는 이 점을 잘 이해해야 합니다. 온라인이 활성화되었다고 해서 바로 오프라인 모임으로 연결하려한다든지, 뭔가 성과가 있는 일을 해 보려고 하면 쉽지 않을 수 있습니다.

온라인을 통해 교사공동체에 접근하는 교사들의 동기 중 가장 큰 것은 '자료공유'입니다. 운이 좋으면 수업에 바로 활용할 수 있는 맞춤형 수업자료를 만날 수도 있고, 조금만 고쳐서 쓰면 되는 연구수업을 위한 학습지도안도

구할 수 있는 곳이 온라인입니다. 이러한 동기를 가진 교사들은 자료 찾기 위주의 활동을 하게 되며 자료가 다시 필요할 때까지 재접속하지 않는 경향이 있습니다. 또 교컴(http://eduict.org)과 같은 대형 커뮤니티의 경우에는 중요한 자료가 탑재되면 소식지를 통해서 회원들에게 알려주므로 본인에게 필요한 자료가 올라올 때만 접속을 하게 되는 경우도 많습니다. 그 다음으로 '커뮤니티 활동'에 대한 동기입니다. 이러한 동기로 접근하는 교사들의 경우에는 자료공유에는 큰 관심이 없습니다. 다른 교사를 만나고 관계를 형성하는 것 자체가 즐거움인 경우지요. 대개 이러한 교사들은 자유게시판이나 교단일기 등의 메뉴를 자주 찾습니다. 마지막으로 '현실문제'에 관심을 갖는 경우입니다. 이 분들에게는 교육정책에 대한 비판, 분석이나 의견교환 등이 중요한 관심사입니다. 결국 이러한 다양한 동기를 가지고 온라인에 접근했을 때 관심사를 충족시켜줄 수 있는 메뉴가 있어야 하겠지요.

온라인과 아이들

요즘 아이들을 웹2.0[5] 세대라고 부릅니다. 제공자가 주는 정보를 획득, 가공하는 형태의 지식 공유가 과거의 방식

(이른바 웹1.0)이었다고 한다면 요즘은 개방과 참여를 통하여 주도적으로 정보를 생성하고 네트워크를 창조해간다는 의미에서 붙여진 명칭입니다. 아이들의 온라인 활동이 일상화되면서 여러 문화가 생겨났습니다. 온라인을 통한 정보의 전파, 공유는 때로 광범위한 실천으로 이어지기도 합니다. 2008년 상반기를 뜨겁게 달구었던 미국산 쇠고기 수입 반대 촛불 집회는 변화해 가는 청소년들의 의식을 대변합니다. 이기주의의 심화에 대한 우려는 어느새 '집단지성'이란 이름에 묻혔습니다. 아이들은 어른들이 가르쳐주지 않은 방식으로 집단행동을 경험했고 진화시켜 가고 있습니다. 이런 현상은 온라인의 대중화가 아니면 설명될 수 없는 것들입니다.

확실히 아이들의 온라인에 대한 친밀감은 어른들의 그것을 능가합니다. 앞으로 정보화 인프라와 매체들은 더욱 발달할 것이고 이에 따라 아이들과 온라인은 더욱 가까워질 것입니다. 이는 교사가 온라인과 묶어서 아이들의 문화를 이해해야 함을 웅변합니다.

---

5. 과거의 웹(웹1.0 이라 칭하기도 함)이 일방적인 정보 제공의 형태였다면 2.0은 사용자들의 참여와 개방성을 통해 사용자들이 일방적으로 정보를 제공받지 않고 블로그, 검색 등을 활용해 스스로 정보와 네트워크를 창조하고 공유하는 것입니다. 그러나 아직도 웹2.0의 정의는 완전하게 내려져 있지 않은 현재진행형입니다.

학습매체로서 온라인의 특징

온라인은 두 가지의 커다란 특징을 가지고 있습니다. 바로 '하이퍼미디어'와 '상호작용' 기능입니다. 마우스로 누르기만 하면 목적하는 바를 보여주는 매체를 하이퍼미디어라고 합니다. 또 대화방이나 게시판, 이메일을 통해서 멀리 있는 상대와 대화를 나누는 것이 온라인을 통한 상호작용입니다. 이 두 가지의 기능 때문에 온라인은 매우 효과적인 학습매체가 될 수 있었습니다.

그럼에도 불구하고 온라인이 학습매체로 사용될 때 간과할 수 없는 문제점이 있습니다. 그것은 '인지적 과부하', '정보 격차', '방향 상실', '신뢰성 문제의 야기' 같은 것들입니다. 온라인에서 발견되는 멀티미디어 형식의 매체는 학습자의 능력 범위를 벗어나는 정보를 빠르게 쏟아내기 때문에 학습자가 헷갈린다는 개념이 '인지적 과부하'입니다. 정보격차는 아이들의 가정환경이나 소지하고 있는 정보화 기기에 따라 획득되는 정보의 질에 차이가 날 수 있다는 것이고 온라인의 망(web) 구조로 인해 원래 목적한 콘텐츠를 벗어나 학습과 관련 없는 콘텐츠에 집착하는 것이 방향 상실입니다. 아울러 인터넷에 있는 자료들은 누구나 올릴 수 있는 개방적 구조 하에 있기 때문에 자료에 대한 신뢰성 문제가 야기될 수 있습니다.

교사가 온라인을 통하여 학생들과 의미 있는 학습활동을 하고자 한다면 위에 열거한 특징들에 대한 진지한 검토와 이에 대한 극복 방안을 고민해야 합니다.

온라인 리더의 조건

● 최신 온라인 경향(trend)에 대한 이해

최신 경향에 대하여 모두 알 필요는 없지만 적어도 교육분야에 관한 이슈, 교수학습, 최소한의 공학적 이슈들에 대한 이해는 있어야 합니다. 온라인은 빠르게 진화하는 경향이 있어 며칠 사이에도 수많은 신조어가 나타났다 사라지곤 합니다. 예컨대 웹2.0, LMS[6], RSS[7], UCC, 유비쿼터스 같은 용어나 집단지성, 아고라 같은 용어들은 최소한의 뜻과 함께 쓰임새를 알고 있어야 합니다.

6. LMS(learning management system) : 온라인 기반의 학습자 관리 시스템
7. RSS(Really Simple Syndication) : 뉴스나 블로그 사이트에서 주로 사용하는 콘텐츠 표현 방식

● 온라인 학습방 활용 능력

온라인학습방은 에듀넷과 같은 곳에서 제공하는 템플릿을 이용하여 만들 수 있고 카페, 블로그 등을 활용하여 운영할 수도 있습니다. 이미 나와 있는 프로그램들을 이해하고 활용할 수 있는 정도면 충분합니다. 어떻게 메뉴를 구성하고 어떤 내용을 탑재하고 어떤 방식으로 의사소통을 할지 등에 관한 내용을 알고 있어야 하겠지요. 단순히 개설에 만족하는 것보다 선생님께서 의도하는 바에 따라 학습이 이루어질 수 있도록 잘 운영하는 것이 더 중요한 능력입니다.

● (최소한의) 기술적 원리에 대한 이해

물론 기술적으로 많은 능력과 상식을 갖추면 좋겠지만 교사 입장에서 온라인 관련 기술을 이해하고 직접 운용한다는 것은 쉬운 일이 아닙니다. 그러나 PC 운영체제와 네트워크에 대한 이해, 서버의 구동 원리, DB에 대한 상식, 바이러스와 악성코드에 대한 대응, UCC의 활용 정도는 온라인 리더로서 최소한으로 습득해야 할 기술적 지식들입니다.

●온라인 기반 의사소통 능력

온라인을 기반으로 하는 의사소통은 게시판이나 이메일, 대화방을 통하여 이루어집니다. 단순하게 기술적으로 사용하는 것뿐만 아니라 리더에게는 '효과적으로 사용하는 방법'이 필요합니다. 게시판과 이메일은 '비동시적'입니다. 즉 상대방이 열어보아야만 확인이 되고 답신을 받을 수 있습니다. 대화방의 경우에는 상대방의 접속 상태를 확인하고 연결하기 때문에 '동시적' 방식입니다. 온라인 기반 의사소통은 상대가 있는 활동입니다. 따라서 실세계와 마찬가지로 예의와 규범이 뒷받침되어야 합니다.

다음은 인터넷에 열광하는 요즘 아이들과 어떻게 하면 효과적으로 의사소통할 수 있을까를 고민하면서 작성한 필자의 칼럼입니다.

아이들은 왜 사이버에 열광하는가?

한 아이가 있다. 공부를 썩 잘하는 것도 아니고 그렇다고 운동을 잘해서 친구들 의 부러움을 사는 아이는 더더욱 아닌, 그냥 우리 주변에서 흔히 볼 수 있는 그런 아이 말이다. 특별한 묘책이 없다면 이 아이는 그저 보통의 방법으로 성장해갈 것이다. 이 아이에게서 자기의 주장을 적극적으로 펼치기 위한 어떤 활동을 한다든지 어떤 모임의 리더가 된다든지 하는 따위의 변화를 기대하는 것은 좀 어려워 보인다. 적어도 '실세계'에서는 말이다.

사이버 문화의 확산은 기존 질서를 많이 바꾸고 있다. 단숨에 공부 잘하는 모범생을 게임 중독자로 만들어 버리기도 하고 소극적인 아이를 적극적인 활동가로 바꾸어 놓기도 한다. 교실 수업에서는 발표 한 번 못하고 수줍어하는 아이가 인터넷 활용수업의 일종인 웹펜팔(인터넷에서 메일을 교환하면서 학습하는 것) 활동에서는 자기의 주장을 논리적으로 펼치는 경우가 많다.

인터넷이라는 수단이 없었다면 이 아이는 영영 '소극적인 아이'로 남아 있을 것이다. 지금 이 아이에게 인터넷은 단순한 학습도구 이상이다. 이 아이에게 작용한 인터넷의 기능은 '하이퍼미디어'와 '강력한 상호작용'이다. 하이퍼미디어는 기존의 인쇄 매체와는 다르게 관심 있는 내용들만을 마우스로 찍어서 획득하는 유형의 매체를 말한다. 즉, 마우스 버튼을 누르는 동작은 글을 읽는 명령이 될 수도 있고 그림과 동영상을 보는 명령이 되기도 한다.

이렇게 모든 정보의 획득이 손 끝에서 이루어지도록 고안된 매체 개념이 하이퍼미디어이다. 그러니까 현존하는 여러 매체들 중에서 가장 쉽고 빠른 방법으로 정보를 얻게 해주는 전달 방식이다. 인터넷에서 이야기하는 상호작용이란 인터넷에 연결되어 있는 사람들이 다양한 방법으로 의사를 교환하는 것을 말한다. 상호작용의 수단으로는 메일, 전자게시판, 채팅 등이 있다. 인터넷을 '쌍방향 하이퍼미디어'로 만들어 주는 것이 바로 상호작용 기능인 것이다.

집집마다 초고속통신망에 연결되는 강력한 통신인프라 환경은 아이들이 보다 쉽게 인터넷에 접근할 수 있는 분위기를 만들어 내고 있다. 인터넷 속에 아무리 재미있고 매력 있는 요소가 있더라도 한 번 접근하는 것이 하늘에 별을 따오는 것만큼이나 어렵다면 아이들은 아마 또 다른 즐거움을 찾아 이동할 것이다.

초고속통신망은 접근을 쉽게 하는 것뿐만 아니라 속도에 민감한 동영상 등의 멀티미디어 콘텐츠를 쉽게 이용할 수 있게 한다. 마우스 버튼만 누르면(하이퍼미디어) 원하는 자료를 빠르게 찾아 (초고속통신망) 친구와 나눌 수 있는(상호작용) 인터넷의 기술은 대단히 강력해서 아이들이 열광하기에 좋은 조건들을 시시각각 으로 만들어 낸다.

이러한 기술적 토양 위에서 인터넷은 현실과는 좀더 다른 인터 넷 문화를 생성해낸다. 현실에서 주목받지 못하는 아이라도 인 터넷에서는 타인의 흥미를 자극할 수 있는 요소를 가지고 있다 면 빠르게 주목을 받거나 심지어는 영웅으로 떠오를 수도 있다. 초등학생도 인터넷의 아주 기본적인 기능만을 익히면 수 천 명 의 회원을 거느리는 커뮤니티의 운영자가 될 수 있다. 즉, 인터 넷은 타인으로부터 인정받고 싶은 욕구를 쉽게 채워준다. 아울 러 현실에서의 불안감이나 소외감 등을 인터넷을 통하여 해소하 는 경우도 많다. 인터넷에서 게임을 하고 있는 동안만큼은 성적 걱정, 숙제 걱정 사라지니 얼마나 좋은 도피처인가?

무엇보다도 현실에서는 금지되어 있는 일을 인터넷에서는 해 볼 수 있다는 것이 아이들에게는 가장 큰 매력이다. 인터넷 여기 저기에서 발견되는 각종 게시판들에는 예외 없이 아이들이 올린 '욕설을 포함하는 막말들'이 올려져 있다. 익명의 자유를 마음 껏 만끽하면서 현실에서는 금기시되는 행위를 해 볼 수 있다는 것, 얼마나 짜릿한 일인가? 각종 엽기, 유머, 오락 사이트들은 아이들에게 색다른 즐거움을 제공한다. 더 나아가 아이들은 음란물 유통의 가장 큰 소비자 군이기도 하다. 성인들이 가장 걱정하는 것도 이 부분이다. 결국 성인들은 정보윤리라는 잣대를 들이대고 아이들을 보호하려 든다.

아무리 인터넷이 속도와 화려함을 무기로 아이들을 유혹한다고 해도 현실 속에서 충분히 행복감을 느낀다면 지금처럼 '열광'한다거나, '몰입'한거나, 때로는 '중독'되어 버리는 현상이 나오지 않을 것이다. 아이들이 인터넷에 열광하고 몰입하는 현상은 현실이 아이들에게 충분한 만족감과 행복감을 주지 못하고 있기 때문이라는 가정을 가능하게 한다.

인터넷에 접속하는 순간 눈앞에 펼쳐지는 광활한 정보의 바다, 자신의 존재를 알리지 않고도 타인과 대화를 나눌 수 있는 가상의 공간, 게시판에 되는대로 욕을 올려도 들키지 않을 만큼 대담성이 키워지는 공간인 인터넷은 분명 현실 세계와는 많이 다르다. 현실에서 인정받지 못한 아이들은 인터넷 공간을 통하여 자기를 확인하고 또 다른 형태로 친구를 사귀며 그들만의 인간관계를 형성해나간다. 실제로 인터넷 친구를 현실의 친구보다 더 소중한 관계로 느끼는 경우도 많다.

필자는 '인터넷에 몰입해 있는 아이들'을 걱정하기보다 '아이들을 걱정스러운 눈으로 바라보면서 아무 것도 하지 않는 어른들'을 더 걱정한다. 물론 이 때 어른들이 해야 할 일이란 단순히 아이들을 보호하고 통제하는 따위가 아니다. 이미 우리의 경험으로 보아 이러한 단순 지도방식은 효과적이지 못하다는 것을 알고 있다. 또한 아이들이 왜 인터넷에 열광하는지를 분석하는 것만 가지고 그들의 문화를 이해할 수 있다거나 어떤 대안을 제시하기는 힘들다는 이야기이다.

필자는 학부모들에게 권하기를, 자녀의 인터넷 사용을 어떻게 통제할 것인가를 고민하지 말고 당신이 먼저 인터넷에서 무엇을 할 수 있는지를 찾아보라고 한다. 그러자면 당연히 학부모들도 인터넷의 여러 기본적인 기능들을 익혀야 한다. 더 나아가 적극적으로 인터넷을 사용해야 한다.

부모 자신의 즐거움을 위해서도 좋고 자녀교육에 도움이 되는 콘텐츠를 찾기 위해서도 좋다. 자신에게도 인터넷이 생활의 일부가 되었다라고 인정될 즈음, 아이들과 대화를 나누어보기를 권한다. 문제시하고 금기시하던 때와는 대화의 방식 자체가 변화되어 있음을 느낄 것이다. 조금 더 욕심을 부려 인터넷으로 가족 구성원간에 메일 교환을 해본다든지, 가족 홈페이지나 신문을 공동으로 만들어 보는 일은 정말 신나는 경험이 된다. 공동체를 깰 것 같았던 인터넷이 다시금 공동체를 회복시켜줄 수 있다는 확신을 가질 수 있을 것이다. 이러한 방식이 인터넷을 소비하는 것에서 활용하는 것으로 탈바꿈시켜주는 주체적인 활용방식이다.

강도가 칼을 사용하여 사람을 해쳤다고 해서 칼을 없앨 수 없는 것처럼 인터넷의 역기능 때문에 인터넷을 없앨 수 없다는 것은 언급할 가치조차 없는 자명한 사실이다. 그렇다면 이제는 제대로 쓰도록 교육하는 방법이 최선이다.

- 이 글은 2003년 3월 〈한겨레21〉 별책부록 정보화역기능 예방 가이드북
'두려움 없는 클릭'에 게재된 필자의 칼럼입니다.

3부

"통(通, communication)한다는 말은 서로의 의사가 막힘없이 잘 전달되어 오해가 없다는 뜻입니다. 의사전달은 말로 할 수도 있고 글로도 할 수 있으며, 몸짓을 비롯한 비언어적 수단을 동원하기도 합니다. 요즘은 너도 나도 '소통' 이라는 말을 즐겨 씁니다. 정치인도 국민과 소통하겠다고 하고, 언론도 소통하겠다고 합니다. 조직의 의사를 물 흐르듯이 잘 전달되게 하는 데 있어 소통만큼 중요한 것이 없다는 것까지는 모두가 잘 인식하고 있는 듯 합니다. 이렇듯 소통은 조직이 건강하게 운영되는 가장 중요한 요소입니다."

11

수업을
잘하는 교사

좋은 수업?

'수업'은 교사가 해야 할 일 중 가장 중요한 것입니다. 수업은 교사의 존재 근거이자 교사와 학생을 연결해 주는 매개입니다. 수업을 잘하는 교사의 능력을 '수업 전문성'이라고 하지요. 오늘도 많은 교사들이 '수업 전문성'을 신장하기 위해 연수 프로그램에 참여하기도 하고, 교과연구회 활동도 하며, 대학원에 진학하기도 합니다. 이 모든 노력이 '좋은 수업'을 하기 위해 이루어진다는 것은 두 말할 나위가 없습니다. 그런데 과연 '좋은 수업'이란 무엇일까요? 이것이 '좋은 수업'이라고 말할 수 있는 기준 같은 것이 있기라도 한 걸까요?

　모든 경우에 다 적용되는 '모범적인 수업 틀'은 존재
할 수 없습니다. 이 교실에서 효과적인 수업 방법이 저 교
실에서는 최악의 방법이 될 수도 있습니다. 교실마다 환
경과 조건, 수업이 이루어지는 맥락이 모두 다르기 때문
이지요. 이런 측면에서 보면 현재 대부분의 학교에서 도
입하고 있는 동료장학 프로그램[8] 같은 것은 많은 부분 형
식화될 수밖에 없는 조건을 가지고 있습니다. 이른바 '수
업참관록'이라 부르는 양식은 모든 교과, 모든 교사에게
동일한 양식으로 적용됩니다. 수업참관록에는 여러 영역
의 성취기준과 점수(대개는 상중하로 표기되는)를 부여하
는 공간이 있습니다. 개별 교사의 수업 의도와 교실 상황,
학습자의 조건, 수업 맥락 등은 고려되기 힘든 구조입니
다. 그러다 보니 다른 교사의 수업을 관찰하고 참관록을
작성하는 입장에서도 서둘러 빈칸을 채워 연구부에 제출
해야 할 자료 중 하나 정도로 치부되기 일쑤입니다. 뭔가
문서로 남기면 실천이 제대로 되지 않더라도 안심하는
분위기, 이것이 바로 제가 얘기하는 '형식화'입니다. 형
식화는 선생님들의 수업 전문성을 신장하는 데 있어 장

---

8. 물론 동료장학은 그동안의 수직적 장학 활동에 비하여 꽤 개선된 것입니다. 그럼에도 불구하고 동료
장학의 핵심은 '장학'이지 '동료'는 아닙니다. 최근 소개되고 있는 피어코칭(peer coaching)프로그램 같
은 것은 동료장학이 가진 문제점을 어느 정도 개선해 줄 수 있는 하나의 방법으로 주목받고 있습니다.

애로 작용하는 대표 선수입니다.

수업담화를 일상화하기

제 생각에는 마음 맞는 선생님들끼리 수업에 대한 이야
기를 자주 주고받는 것이 훨씬 효과적이라고 생각합니
다. 학습 주제에 대한 서로의 생각과 효과적인 교수법에
대하여 나누는 이야기, 서로의 수업을 돌아보고 성찰하
는 수업 이야기 말이지요. 그러다가 서로 신뢰가 쌓이면
한 번씩 번갈아 수업을 참관하고 그에 대하여 느낌을 교
환하는 과정을 가져보는 것이 형식적인 장학 프로그램
수십 번 반복하는 것 보다 가치 있는 일이라고 생각합니
다. 가장 좋은 것은 '수업담화'가 학교 안에서 일상적으
로 이루어지는 것입니다. 그런데 아마도 이러한 수업 이
야기를 일상적으로 부담 없이 나눌 수 있는 학교가 그렇
게 많지는 않을 것이란 생각이 듭니다. 앞에서 이를 해결
할 수 있는 하나의 수단으로 '온라인'에 대하여 말씀드
렸습니다. 확실히 같은 학교 선생님들끼리는 수업 공개
에 대한 부담, 타인의 수업에 대한 불간섭 같은 분위기가
있습니다. 이런 교사문화를 개선하려는 노력과 함께 온
라인을 통하여 다른 지역의 교사와 연계하려는 노력이

곁들여 진다면 조금은 더 수월하게 수업담화에 가까이 갈 수 있지 않겠나 생각합니다.

최근 수업과 관련하여 '수업비평', '수업담화', '반성적 실천', '연계적 수업 전문성 신장'과 같은 용어들이 들려옵니다. 저는 선생님들께서 이러한 용어들이 뜻하는 바에 대하여 주의를 기울이신다면 '좋은 수업'에 한걸음 다가설 수 있다고 생각합니다.

수업은 한 편의 예술

오케스트라에서 수십 종의 악기들은 제각각 다른 소리를 냅니다. 지휘자는 이 수십 종의 소리를 한데 묶어 멋진 연주로 재탄생시킵니다. 지휘자의 역할은 하나의 소리가 전체에 묻혀 버리지 않도록 세심하게 배려하고 연주자가 가장 극대화된 능력을 발휘할 수 있도록 전체를 조율하는 것입니다. 수업도 마찬가지입니다. 30명이 모여 있는 학급은 각기 다른 30개의 개성이 있습니다. 선생님의 마음에 쏙 드는 개성도 있지만, 시종 선생님을 괴롭히는 개성도 있습니다. 그러나 선생님께서는 이 개성들이 전체적인 화음을 위해 필요한 요소들이라는 것을 먼저 인정해야 합니다. 각기 다른 이러한 개성들을 죽이지 않고 충분히 발휘할 수 있는 조건과 분위기를 만드는 것, 이것이 바로 좋은 수업을 하기 위한 조건 중 으뜸입니다.

한 명의 학생이라도 '나는 이 수업에서 쓸모가 없는 것 같아. 선생님도 나에게는 관심조차 없어. 정말 지루해.' 이런 느낌을 갖는 다면 선생님께서도 매우 안타까우시겠지요. 그 보다는 학생이 '나도 이 수업에서 중요한 존재야. 내가 하는 모든 참여는 더 좋은 수업을 위해서 도움이 돼' 라는 생각을 가지고 있다면 어떨까요? 모든 학생들을 소중하게 생각하는 것, 학생들로 하여금 수업에 스스로 참여하고 있다는 느낌을 주는 것이야 말로 몇 가지 사소한 수업기술과는 비교할 수 없는 좋은 수업의 조건입니다. 그러므로 수업이란 모든 악기가 생김새와 소리는 다르지만 멋진 화음을 내는 오케스트라와 같은 것이고 선생님은 지휘자인 것이지요.

망하는 수업의 특징

좋은 수업을 한 마디로 정의할 수는 없지만, 대체로 수업은 크게 보아 두 종류가 있습니다. '신나는 수업' 과 '망하는 수업' 입니다. 물론 두 가지 어느 쪽에도 속하지 않는 '그저 그런 수업' 도 있습니다. 망하는 수업에는 몇 가지 특징이 있습니다. 아래 특징과 반대되는 쪽으로 수업을 하십시오. 그러면 수업이 즐거워집니다.

● 하나, 의욕 없는 교사

교사가 의욕을 상실하면 망하는 수업이 될 가능성이 많아집니다. 하나의 수업이 망하기까지는 복잡하고도 다양한 요인들이 있었을 것입니다. 아무래도 그 중 으뜸은 교사의 의욕 상실입니다. 의욕이 없다면 무엇을 해도 재미가 없을 것이요, 피로감만 더 할 것입니다. 수업이 일찍 끝나기를 바라게 되고 시계를 보는 횟수가 많아집니다. 교사가 의욕을 상실하면 가장 먼저 아이들이 알아봅니다. '우리 선생님은 우리들을 가르치시는 게 재미가 없나봐.' 이렇게 느끼기 시작하면 걷잡을 수 없는 무력감의 바이러스가 퍼지게 됩니다.

● 둘, 흥미를 느끼지 못하는 학생들

'학습자의 흥미' 란 수업의 가장 중요한 조건 중의 하나입니다. 흥미가 없으면 동기가 유발되지 않고 동기가 없는 공부는 목표가 불확실해지기 때문에 다시 흥미를 떨어뜨리는 악순환을 반복하게 됩니다. 수업에서 흥미란 오늘 공부할 학습주제에 대하여 관심을 갖는 행위입니다. 학생들이 수업에 대하여 관심이 없다면 선생님께서 아무리 열심히 강의를 해도 그 효과는 미미할 수밖에 없습니다.

●셋, 일방적인 강의

선생님의 강의가 일방적이면 학생들은 수동적이 될 수밖에 없습니다. 선생님의 능력이 아무리 출중해도 강의가 일방적으로 이루어지면 지식전달 수업에 머무르게 됩니다. 저는 지식전달 수업을 소위 '밑줄 쫙' 수업이라고 이야기해 왔는데요. 아시죠? 교과서를 중심 교재로 삼고 시험에 출제될 가능성이 있는 중요한 내용을 정리해 주는 방식의 수업 말입니다. '밑줄 쫙' 수업이 효과적일 때는 극히 제한적입니다. 예를 들면 개념 위주의 수업이 필요한 학습주제라든지(사실은 이런 경우에도 얼마든지 학습자 주도적 수업의 설계가 가능합니다만), 짧은 시간에 기억시켜야 할 분량이 많은 수업의 경우에 해당합니다. 학습자를 손님으로 만들어 버리는 일방통행식 수업, 망하는 수업의 지름길입니다.

●넷, 반응이 없는 학습자

'반응(reaction)'은 수업에서 발견되는 학습자 행동의 총체입니다. 학습자에게 주어지는 자극은 교사의 발문도 있지만 주변 환경이나 학습주제에 대한 탐구의욕, 동료 학습자와의 교류 등 교사 외적인 요인도 많습니다. 이런 요인들이 학습자 상호간의 반응을 촉진시키고 이는 다시 교사에게 자극을 주어 수업 개선의 에너지가 됩니다. 즉, 학습자의 반응이 없으면 교사도 발전될 수 없습니다. 학습자는 왜 수업에서 반응을 보이지 않을까요? 여러 가지 요인이 있겠지만 '반응을 보이는 것이 나에게 불이익을 줄 가능성이 있다'라고 생각할 때입니다. 맞습니다. 대개의 경우 반응이 없는 교실은 교사에 의하여 조장됩니다. 학생들의 '끼어들기'를 간섭이라고 생각한다든지, 수업에 대한 방해라고 생각하는 경우 교사는 아이들의 다양한 반응을 허용하지 않고 오로지 '바른 자세로 충실하게 듣기'를 강요하게 되겠지요. 학습자가 반응이 없다면 왜 반응이 없을까를 궁금해 하지 마시고 곧바로 선생님의 수업 방식을 성찰해 보십시오.

●다섯, 단조로운 수업

흥미와는 담을 쌓은 듯 무미건조한 수업은 학습자를 학

습 목표로부터 멀어지게 합니다. 주변을 둘러보면 온갖 사물들이 학습자원입니다. 특히 요즘은 조금만 신경 쓰면 디지털 학습매체를 수업에 끌어 들일 수 있습니다. '수학과에서는 역시 문제풀이 위주의 수업이 최고야.', '많이 읽는 영어 수업만큼 효과적인 것이 없어.' 등등의 왜곡된 믿음이 수업을 단조롭게 합니다. 높낮이가 없는 선생님의 억양, 속삭이는 듯 조용한 설명, 흰 분필만을 고집하는 선생님의 고지식함은 단조로운 수업을 위해 추방해야 할 몹쓸 습관입니다.

● 여섯, 움직이지 않는 교사

수업 시간 내내 교탁을 충실하게 사수하는 선생님이 있습니다. 이렇게 되면 아이들과의 거리는 물리적 거리 이상입니다. 굳이 학생들과 거리를 두려는 의도가 아니라면 가끔씩은 통로를 오가면서 개별지도도 해주시고 과장된 제스처로 학생들의 긴장을 풀어주세요. 좋은 수업을 위해 선생님의 몸을 내던지는 것은 그 자체로 훌륭한 헌신입니다. 아이들로 하여금 '오늘은 선생님께서 내 자리까지 오셔서 친절하게 설명해 주셨어.' 라는 경험을 갖게 만드십시오. 교사의 권위가 아무리 땅에 떨어졌다고 해도 아직은 학생들에게 교사는 존경의 대상입니다. 너무 몸 아끼지 마시고 가까이 다가가십시오.

●일곱, 교과서 지상주의

교과서는 가장 중요한 학습 텍스트이지만 절대적인 것은
아닙니다. 오히려 7차 교육과정은 교과서 외의 다양한 소
재들을 활용한 수업을 권장하고 있지 않습니까? 교과서
에 나와 있는 내용은 모두 다루어야 한다는 '진도 강박'
은 다양한 수업 방식의 도입을 가로막습니다. 해당 학습
주제와 관련하여 학습자가 지식 정보를 축적하는 방식은
교과서 외에도 다양한 것들이 있습니다. 가령 인터넷에
서 검색한 자료일 수도 있고, 신문 기사나 선생님께서 손
수 제작하신 읽기자료 등이 있지요. 이런 자료들은 선생
님께서 교과서 지상주의를 벗어나겠다고 생각하시는 순
간 눈에 더 잘 보입니다.

●여덟, 수업담화를 회피하기

선생님들 모두에게 해당되는 공통 사항 한 가지를 이야
기 해 보지요. 방과 후 회식 자리에서 '오늘은 지긋지긋
한 학교 얘기 하지 맙시다.' 이렇게 선언을 하고 화제를
범사회적인 것으로 돌려보려 한 경험들이 있으시지요?

그런데 몇 분이나 가던가요? 결국 10분 이내 우리는 어느새 학교 얘기를 하고 있는 모습을 발견하게 되지요. 전혀 어색한 것이 아닙니다. 교사가 자신의 직업 공간인 학교 얘기를 하는 것은 지극히 당연한 것이지요.

그런데 신기하게도 이 학교 얘기에서 빠지는 것이 있습니다. 바로 '수업에 관련한 이야기'인데요. 사실 교사의 일 중 가장 핵심이 수업임에도 우리는 서로 약속이나 한 듯이 '수업 외의 학교 얘기'를 나누지요. 겨우 나누어지는 이야기는 '수업 중 이상 행동을 보이는 학생'에 대한 경험 정도입니다. 물론 이는 앞서 말씀드린 바와 같이 교사 특유의 문화에서 비롯된 측면이 있습니다. 수업에 관한한 '상호불간섭주의'를 견지한다는 것인데요. 그래서 교사들은 자신의 수업을 제대로 객관화시켜 볼 기회, 비평에 귀 기울일 기회조차 갖지 못하고 교실 속에서 고립된 채 수업을 진행하게 됩니다. 마음이 맞는 동료교사와 진지하게 수업 이야기를 나누어 보십시오. 마음이 맞는 교사가 학교 안에 없다면 학교밖을 보십시오. 교과연구회, 온라인 교사공동체, 무엇이 되었든 나의 수업 이야기를 들어줄 대상이 있는 곳을 찾아보십시오. 고립이 길어질수록 망하는 수업은 가까이 있습니다.

● 아홉, 학습주제와 무관한 이야기

학생들의 흥미를 유발하기 위하여 교사는 수업 중에 다양한 이야기를 할 수 있습니다. 단순히 조는 아이들을 깨우기 위한 용도도 있고, 때로는 인성교육의 차원에서 행해지기도 하지요. 어떤 경우이든 교사의 이야기는 '교육용 콘텐츠'입니다. 이야기를 고를 때에는 신중을 기하여야 합니다. 아울러 학습주제에 대한 관심을 더욱 이끌어내는 이야기가 좋은 이야기입니다.

● 열, 실패에 대한 두려움

수업 실패를 경험해 보지 못한 교사가 거둔 성공 사례는 결코 높은 점수를 받을 수 없습니다. 수업 성공 사례는 우리 주변에 넘쳐납니다. 대체로 교사의 특별한 능력 혹은 헌신적인 노력에 의해서 거둔 성공들이지요. 저는 선생님들의 이야기를 들을 때 실패 사례를 더 주목합니다. 자신의 실패 경험에 대하여 과감하게 공개할 수 있는 선생님의 자세에 일단 신뢰성이 가기 때문에 더 경청을 하게 됩니다. 반복되는 실패는 분명 문제이지요. 그러나 모든 실패는 다음 수업의 개선을 위한 에너지가 될 수 있습니다. 단, 그 실패를 겸허하게 인정하고 개선하려는 노력을 기울일 때 말이죠.

좋은 수업의 조건

망하는 수업과 반대되는 수업을 '성공하는 수업'이라
하면 좋겠지만 저는 '성공'이라는 말이 의도하는 바에
대하여 경계심을 가지고 있습니다. 성공하는 수업이 성
과 위주의 수업, 형식적으로 완결된 수업 방식을 요구할
수 있다는 우려 때문입니다. 물론 '좋은 수업'이라는 개
념도 제 의도에 딱 맞는다고는 할 수 없습니다. 좋은 수
업이 아닌 것은 '나쁜 수업'이냐 하는 물음에 답하기 힘
든 것 때문이죠.

　여기서 이야기하는 좋은 수업은 교사와 학생 모두
'즐거움과 행복감'을 느끼는 수업입니다. 교사와 학생
이 즐거움과 행복감을 느끼는 수업은 학습목표의 달성
에 있어서나 학력신장에 있어서나 긍정적 효과를 가져
올수 있습니다. 위에서 열거한 망하는 수업의 특징들을
보고 그것들을 가능한 피해나가는 식으로 수업을 계획
하는 것이 곧 좋은 수업의 첫걸음입니다. 그리고도 몇
가지를 부가한다면 좋은 수업에는 다음과 같은 조건들
이 있습니다.

수업에 대한 교사의 관점은 좋은 수업의 가장 중요한 조건입니다. 수업을 왜 하는지, 수업을 통하여 학생들에게 무엇을 전달하고자 하는지, 하나의 수업을 통하여 교사 자신은 무엇을 얻을 것인지, 암기식 수업으로 할 것인지, 사고력을 키우는 수업으로 할 것인지, 학습자의 주도성을 어디까지 인정할 것인지와 같은 문제들은 교사가 가진 교육철학에서 비롯되는 수업관점입니다. 따라서 수업의 방향은 교사가 가진 철학과 분리되어 설정되지 않습니다. 늘 진도에 끌려가는 수업, 늘 예상문제 풀이만 하는 수업을 하고 있지는 않은지요? 아울러 학습의 효과는 성적으로만 나타난다는 위험한 생각을 하고 있지는 않습니까? 학습의 효과는 성적으로 나타나기도 하지만 측정할 수 없는 학습자의 행동의 변화로 이어지기도 하며 어떤 것들은 아주 오랜 시간이 지나 학습자의 내면에 체화되기도 합니다. 이러한 학습의 효과에 대한 믿음이 있어야 조급성을 극복하고 하나의 수업을 수업답게 이끌어 갈 수 있습니다.

아무리 좋은 수업 기술도 '교사의 준비' 보다 앞설 수는 없습니다. 어떤 학습자료를 사용할지, 어떤 과제를 부과할지, 발표는 어떤 방식으로 할지, 평가는 어떻게 할지⋯와 같은 사항들은 수업 전에 계획되어야 합니다. 특히 한 학년에 여러 명의 교사가 투입되는 중등 교과의 경우에는 어떻게 공동보조를 맞출 것인지 까지도 협의가 되어야 합니다. 준비된 수업과 준비되지 않은 수업은 그 차이가 매우 큽니다. 선생님들께서도 준비를 소홀히 했다가 수업을 어렵게 진행하였던 경험들을 가지고 있으리라 생각됩니다. 교사의 수업 전문성은 교과지식과 실행기술만으로 완성되지 않습니다. 우리가 '수업설계' 라고 부르는 수업의 준비 능력은 최근 중요하게 부각되고 있는 교사의 수업 전문성 영역입니다.

수업을 준비할 때는 몇 가지 조건이 있습니다. 학습자, 내용, 환경에 대한 분석이 그것인데요. 작년의 수업과 올해의 수업이 같을 수 없고 1반과 2반의 수업이 같을 수 없다는 전제가 수업 준비 과정에서 분석 단계가 필요한 이유입니다.

학생의 참여는 수업에 역동성을 더합니다. 연구결과에 의하면 단순하게 읽는 것을 반복하는 수업은 10% 정도 기억에 남는다고 합니다. 보기는 30%, 보기와 듣기는 50%, 보기와 말하기는 79%, 말하기와 행동하기는 90%가 기억에 남는다고 합니다. 그러니까 교사는 학생들이 활발하게 수업에 참여할 수 있도록 설계를 하는 것이 좋습니다.

수업의 구조 측면에서 학생들의 참여가 봉쇄되는 경우도 있습니다. 학생들의 참여가 원천 봉쇄되어 있는 경우 대개는 교사의 수업 설계 방식에 문제가 있습니다. 학생들이 발표를 꺼린다거나, 활동에 소극적일 때에는 먼저 수업이 어떤 방식으로 설계되었는지 검토해 보십시오. 학생의 참여를 촉진하기 위해 제가 쓰는 방식으로 '학생들의 수준에 따라 질문하기'가 있습니다. 물론 이 방법을 사용하기 위해서는 학생들의 수준을 사전에 알고 있어야 하겠지요. 아무리 성취도가 낮은 학생이라 할지라도 답변이 가능한 다양한 질문거리를 마련해 두십시오. 그래서 가능하면 자주 질문하되, 학생이 능히 답변할 수 있는 질문이나 설명 요청을 하는 것입니다. 자신감은 '성공한 경험'에서 비롯됩니다. 이러한 방법이 몇 번 반복되면 발표에

대한 부담감도 훨씬 덜어지고, 성취에 대한 욕구도 자극
이 됩니다.

●넷, 역동적인 수업

취향에 따라 매우 정숙한 분위기에서 수업이 잘되는 선
생님도 있고, 너무 조용하면 오히려 불안감을 느끼는 선
생님도 있습니다. 대체로 고경력의 교사들은 학생들을
장악하고 수업에 집중시키려 합니다. 경험을 통하여 그
것이 학습 성취에 효과적이라 생각하기 때문이죠. 그런
데 이제 막 신규 발령을 받은 교사는 아이들이 반응을 보
이지 않으면 불안감을 느낍니다. 역동적인 수업이라 하
여 꼭 산만한 분위기의 수업을 이르는 것은 아닙니다. 앞
서 말씀드렸듯 하나의 교향곡은 단지 하나의 악기만으로
아주 조용하게 연주될 때도 있고, 모든 악기가 총동원되
어 우렁차게 연주될 때도 있습니다. 그러나 이러한 것이
기계적으로 분리되는 것이 아니라 조화를 이루기 때문에
듣는 사람은 아름답다고 느끼는 것이지요. 수업 또한 마
찬가지입니다. 수업이 얼마나 역동적일 수 있느냐 하는
것은 선생님께서 학습자들이 보이는 반응의 폭을 어디까
지 허용할 것이냐와 관계됩니다. 역동적인 수업에서는
학생들이 적극적인 반응을 보이며 탐구의욕을 나타냅니

다. 따라서 동기유발도 보다 빠르게 진척됩니다. 특별한 이유가 아니라면 학생들이 보이는 다양하고 소란스러운 반응을 이해하시고 그것을 학습의 장으로 자꾸 이끌어 주십시오.

●다섯, 다양한 학습자원

학습자원은 학습의 목표를 실현하기 위해 교사나 학생들이 사용해야 할 재료의 총체입니다. 교사가 제시하는 경우도 있고 학생들이 스스로 탐색하여 마련해야 할 것들도 있습니다. 과거에는 학습자원이 인쇄매체에 국한되었었지만 최근 디지털 학습자원이 많아져 오히려 선택이 어려울 지경입니다. 수업이 역동적인 학급을 잘 들여다 보면 교사와 학생들이 비교적 많은 재료를 사용하고 있는 것을 볼 수 있습니다. 정보화시대라고 해서 반드시 디지털 매체만을 사용하는 것은 아닙니다. 중학교에서 수학을 지도하고 있는 저의 경우 때로는 인터넷 자원을 이용하기도 하지만 자와 종이, 풀과 가위를 사용하여 실제로 오리고 붙이는 도형 수업을 할 때도 많습니다. 학생들은 일반적으로 보여주는 디지털 학습 매체보다 학생들 스스로 손을 움직여 참여하는 방식에 더 흥미를 느끼기 때문입니다.

● 여섯, 교사를 기다리는 학생들

'교사를 기다리는 학생들.' 교사 입장에서는 생각만 해도 행복감을 느끼는 말입니다. 교사를 기다린다는 것은 곧 수업을 기다린다는 말과 같습니다. 그것이야말로 가장 훌륭한 학습동기인 것이지요. 또한 교사를 좋아하는 경우에는 그 교과의 공부도 열심을 보인다는 것이 학생들의 일반적 경향이기도 합니다. '수업 느낌'이라고 하는 것은 한마디로 설명이 힘든 추상적인 것입니다. 선생님이 탁월한 이야기꾼이 되어야 할 때도 있고 심지어는 개그맨과 같이 즐거움을 주는 사람이어야 할 때도 있습니다. 그 어떤 경우이든 아이들이 기다리고 있다는 것은 교사로서는 큰 즐거움이자 행복입니다. 선생님께서 가르치는 학생들 중에 '그 선생님은 보기만 해도 지겨워.' 심지어는 '그 선생님이 다른 학교로 갔으면….' 이런 생각을 하는 아이가 많다면 어디가 문제인지 곰곰이 따져 볼 필요가 있습니다. '원래 내가 하는 과목은 어려운 것이니까, 아이들은 지겹더라도 따라와야 해.' 이렇게 생각하고 계시다면 '어렵지만 기다려지는 과목'을 만들기 위해 노력하셔야 합니다.

● 일곱, 적극적인 수업담화

현실적인 한계가 있기는 하지만 저는 현재 학교 시스템에서 애정을 가지고 발전시켜야 할 것 가운데 가장 중요한 것이 '교과협의회'라고 생각합니다. 교과협의회는 바람직한 수업을 위해 교사들이 공동으로 실천할 수 있는 가장 기본적인 단위입니다.

교과협의회가 제 기능을 발휘하도록 하기 위해서는 먼저 형식성을 과감하게 내던지는 것입니다. 그저 모여서 진도 맞추고 시험범위 정하는 정도의 논의틀로는 좋은 수업, 바람직한 교사를 위한 원동력이 될 수 없습니다. 형식화가 모든 경우에 나쁜 것은 아니지만 어떤 틀을 들이밀면 당연히 그 틀을 완성하는 방향으로 실천이 이루어집니다. 동료장학이 '수업참관록' 수준을 벗어나지 못하는 이유가 거기에 있습니다. 교과협의회를 통하여 이루어져야 할 것은 '수업담화'입니다. 나와 다른 교사의 수업에 관한 이야기가 진솔하게 이루어지는 경우 수업담화는 그 자체로 커다란 의미를 갖습니다. 실패한 사례와 성공한 사례 모두 좋습니다. 굳이 형식이 필요한 것도 아닙니다. 동학년 혹은 동교과 교사들만 모여도 좋고, 바로 옆 반 선생님과 단 둘이어도 좋습니다. 마음을 열고 수업에 관한 진솔한 이야기를 나누어 보십시오. 혼자 하는 성장보다 훨씬 효과적입니다.

● 여덟, 학생들의 관심사를 이해하기

수업 시간에 선생님과 학생들 사이에는 종종 갈등이 생깁니다. 아이들 사이에서는 별 것 아닌 일이 선생님이 받아들이기에는 심각한 일도 있고 선생님에게는 관심 밖의 일이 아이들에게는 너무 중요한 일인 경우도 있습니다. 가령 아이들은 수업 시간에 '쪽지 돌리기'를 매우 좋아합니다. 수업에 관심이 없는 학생뿐만 아니라 수업을 열심히 들으면서도 쪽지 돌리기에 참여하는 경우도 있습니다. 선생님께서 만약 이런 행위를 발견하신다면 쪽지의 내용과는 무관하게 수업에 집중하지 않았다는 이유만으로 학생들에게 주의를 주려 할 것입니다. 때로 쪽지의 내용에 선생님도 참여해 보시는 것은 어떨까요? 연예인의 사생활, 학생들끼리의 사소한 일상담화 등 선생님이 보시기에는 정말 유치하기 짝이 없는 내용이지만 '나는 이 연예인 좋아하지 않아. ○○○가 더 멋있지 않니?' 때로는 아이들과 동일한 눈높이에서 관심사를 공유하십시오. 어차피 아이들이 쪽지를 돌리는 문화는 중지되지 않습니다. 행위 자체를 중지시키려다 아이들과 불편한 관계를 만들지 마시고 '우리 선생님께서도 우리와 관심사가 비숫하구나.' 이런 느낌을 학생들에게 주는 것이 훨씬 효과적입니다.

같은 맥락에서 학생들이 자주 쓰는 용어에 대한 이해도 필요합니다. 다음 제시되는 용어 중에서 선생님께서 이해하는 것은 몇 가지나 되시는지요? 대부분 이해가 가지 않는다면 아이들과 심각한 소통 장애를 겪을 수도 있습니다.

간지, 관광, 득템, 려차, 맞삭, 안습,
오나전, 초글링, 팀킬, 현질, KIN, OTL[9]

---

9. 교사가 10대들의 은어를 적극적으로 외울 필요는 없지만 대강의 뜻을 알고 있으면 아이들과의 대화에 많은 도움이 됩니다.

간지: 폼이 난다. 어원은 일본말의 간지(感).

관광: 게임에서 상대가 너무 약해서 갖고 놀다.

득템: 게임에서 좋은 아이템을 얻는 것

려차: 영어 fuck를 한글로 친 것

맞삭: 블로그나 미니홈피에서 서로 친구 관계 삭제하는 행위

안습: 안구에 습기찬다는 말로 슬프다, 눈물이 난다는 의미

오나전: 컴퓨터 자판에서 '완전'을 잘못 쳤을 때 나오는 말로 그대로 완전의 뜻으로 쓰임

초글링: '초등학생＋저글링'의 합성어로 초등학생들이 떼지어 다니는 것을 이르는 말

팀킬: 게임에서 자기편을 죽이는 행위. 자살골.

현질: '현금으로 지르다'의 약어. '지르다'는 물건을 사다의 의미

KIN: 옆으로 읽으면 '즐'

OTL: 무릎을 꿇고 좌절하는 모양 문자(O는 머리, T는 팔, L은 다리)

●아홉, 적절한 피드백

좋은 수업에서는 학생들이 다양한 반응을 보이고 이러한 반응이 교사에 의하여 잘 수용됩니다. 또 학생들의 실천 행위에 대하여 교사가 부지런히 피드백을 줍니다. 피드백은 넘쳐도 안 되지만 너무 아끼려고 하지 마십시오. 다음 장에서 좀 더 자세하게 피드백 얘기를 하겠지만 적절한 타이밍에 적절한 방식으로 이루어지는 피드백은 학습자는 물론 교사를 성장하게 하는 촉매제입니다.

●열, 학습공동체에 참여하기

학교 안에서 이루어지는 교과협의회만으로도 교사들이 공동의 논의와 실천을 해 나갈 수 있습니다. 하지만 내가 원하는 경험이나 사례를 가지고 있는 교사가 우리 학교에 없을 때, 좀 더 전문적인 연구의 경험이 있는 교사의 이야기를 듣고 싶을 때 우리는 학교 밖으로 눈을 돌려볼 수 있습니다. 학습공동체는 '교과연구회' 방식으로 진행되는 경우도 있고 교컴 같은 자발적 교사공동체와 같은 방식으로 이뤄지는 경우도 있습니다. 또는 에듀넷에서 운영되는 지식교류 활동 역시 학습공동체를 통하여 이루어지는 실천입니다. 선생님 취향에 맞게 선택해서서 공동 활동을 경험해 보시기를 권합니다. 분명 선생님의 외로운 실천을 뛰어 넘는, 우리학교에 근무하는 선생님들에게서는 맛볼 수 없는 다양한 경험의 기회가 제공될 것입니다.

12 피드백과 리더십

피드백의 중요성

'피드백(feedback)'이란 진행된 행동이나 반응의 결과를 본인에게 알려 주는 것을 말합니다. 교수·학습 분야에서는 학습자의 학습 행동에 대하여 교사가 적절한 반응을 보이는 일을 말합니다. 한자용어로는 '환류(還流)'라고 합니다. 우리말로는 '되돌아 흐름'이라고 하면 적절할 듯 합니다. 리더십과 피드백은 매우 중요한 관계가 있습니다. 동료교사나 학생들이 보이는 반응에 따라서 리더가 적절한 피드백을 행하는 것은 구성원들은 물론 리더 자신의 바람직한 성장을 위한 촉진제이기 때문입니다.

피드백을 우리말로는 '되돌아 흐름'이라고 했습니다. 그렇습니다. 피드백은 일종의 흐름입니다. 리더와 구성원 사이를 오고가는 소통의 흐름이지요. 그래서 피드백은 물 흐르듯 자연스러워야 합니다. 물이 잘 흐르지 못하고 고여 있으면 물도 썩거니와 주변에 나쁜 영향을 미치겠지요? 피드백이 잘 이루어지려면 리더와 구성원 사이에 '신뢰'가 있어야 합니다. 피드백은 리더가 구사하는 단순한 테크닉이 아닌 주고받는 자 사이에 놓여있는 신뢰와 밀접한 함수 관계를 갖는 행위입니다. 그러므로 피드백을 통하여 긍정적인 효과를 보기 위해서는 상호간의 신뢰를 먼저 구축해야 함은 물론이고 피드백 자체가 관계를 깨는 것이 아닌, 관계를 더욱 돈독하게 하는 것으로 작용해야 합니다. 바람직한 피드백의 방법 몇 가지를 함께 생각해 보겠습니다.

바람직한 피드백의 조건

● 하나, 때와 장소

피드백이 효과를 보려면 타이밍이 맞아야 합니다. 가령 수업시간 중에 실시한 평가에 대한 피드백은 수업시간이 종료되기 전에 주는 것이 보다 효과적입니다. 학생들끼리 심한 다툼이 있었다면 일단 화를 진정시키고 차분한 가운데에서 교사의 개입이 시도되는 것이 좋습니다. 사안에 따라 다르겠지만 이런 경우에는 당사자들을 따로 부르는 것이 좋습니다. 종종 많은 학생들이 보는 앞에서 본보기로 삼고자 다툰 학생들을 야단치는 경우가 있습니다만 결코 좋은 피드백의 방식이 아닙니다. 피드백의 때와 장소를 적절하게 선택하는 것은 리더의 중요한 능력 중의 하나이며 경험과 훈련이 필요한 사항이기도 합니다. 순간적인 판단력, 자제력이 함께 있어야 하고 이 모든 절차를 자연스럽게 이끌어낼 수 있어야 합니다.

● 둘, 구성원에 대한 존중과 배려

좋은 피드백은 상대방의 입장을 충분하게 이해하는 데서 나옵니다. 결석이 잦은 학생은 나름의 이유를 가지고 있을 것입니다. 그런데 학생을 선생님 자리로 불러놓고 '시간 없어. 빨리 얘기해!' 이렇게 말한다면 하고 싶은 얘기도 쏙 들어갈 것 같군요. 이럴 때는 선생님께서 학생의 입장이 되어 주는 겁니다. 그래서 가장 편안한 상태에서 이야기를 할 수 있도록 여건을 마련해 주십시오. 특별한 경우가 아니라면 선생님이 앉아 있는 상태에서 학생을 세

위 놓고 이야기하는 것은 구성원을 인정하고 존중하는 태도가 아닙니다. 학생과 눈높이를 맞추려는 노력은 좋은 피드백이 나오게 합니다. 선생님 자리 옆에 조그만 의자 하나를 늘 갖추어 두십시오.

●셋, 미리 단정하지 않기

피드백을 줄 때, 조심해야 할 것은 '단정'입니다. 무엇인가에 대하여 리더의 '판단 완료' 상태를 전달하는 방식은 더 이상의 소통을 무의미하게 만듭니다. 예를 들어 동료교사가 학급의 학생을 지도하는 문제에 대하여 상담을 요청할 수 있습니다. 얘기를 들어보다가 '아, 그 학생은 상태로 보아 ADHD로 판단되는군요. 그 학생은 선생님을 존경하지 않는 것이 확실하네요.' 라고 단정해 버리면 더 이상의 의미 있는 피드백은 불가능해집니다. 어쩌면 그 선생님은 아이에 대한 임상적 판단을 듣고 싶은 것보다도 자기가 현재 무척 괴롭다는 것을 마음 편하게 이야기하고 싶었는지도 모릅니다. 이런 경우에는 당연히 '잘 들어주는 것' 이 훌륭한 피드백입니다. 분석, 판단, 단정은 대화를 가로막습니다. 대화가 막히면 피드백은 효과를 상실합니다.

●넷, 비난은 금물, 칭찬은 신중

비난하는 방식의 피드백은 구성원을 불쾌하게 만들뿐만 아니라 리더에 대한 반감을 심어줍니다. '선생님 때문에 일을 망쳤어요!' 이런 이야기를 들어 보신 적이 있는지요? 일을 망친 것이 나 때문이 아니라면 상대방에 대하여 적개심을 가질 것이고 정말 나 때문에 일을 망친 것이라면 자학을 하게 되겠지요. 구성원에 대하여 비난이 잦은 리더 역시 비난의 대상이 됩니다. 못된 피드백 중에도 으뜸인 것이 바로 비난입니다.

그럼 '칭찬' 은 어떨까요? 칭찬은 고래도 춤을 추게 한다고 하지 않던가요? 그런데 잘못된 칭찬은 고래를 육지로 올라오게 만들어 결국 숨이 막혀 죽게 만들 수도 있습니다. 구성원 행동, 의식을 흐름을 잘 관찰하십시오. 과도한 칭찬, 구성원을 오버액션에 빠지게 하는 칭찬은 때로 독이 될 수 있습니다. '김 선생님. 최고이십니다. 우리 학교에 없어서는 안 될 인재 중의 인재이십니다. 실력도 있지만 무엇보다 자신을 살피지 않는 헌신적 노력과 희생정신, 모든 선생님들께서 본받아야 합니다.' 이런 칭찬은 십중팔구 구성원을 불편하게 하든지, 끊임없이 희생하고 봉사하는 생활을 강요하게 만듭니다. 칭찬을 할 때에는 솔직한 감정을 그대로 전달하면 됩니다. '철수야 네가 오늘 지각하지 않고 학교에 일찍 오니까 선생님 마음이 한결 가벼운 걸?' 이 정도면 충분합니다.

● 다섯, 객관적 사실에 근거하여

피드백의 내용은 객관적 사실에 근거해야 합니다. 정돈되지 않은 리더의 생각을 여과 없이 전달하는 것은 위험합니다. 가령 시범학교 연구보고서를 완료한 교사에게 '수고하셨습니다. 선생님께서 보고서를 잘 써준 덕분에 우리 학교가 좋은 평가를 받을 것 같군요. 선생님 같은 분들이 학교에 더 많아야 하는데…. 정말 탁월한 능력의 소유자이십니다.' 이런 피드백을 주는 경우를 생각해 봅시다. 보고서가 잘 되었다는 것은 리더의 판단입니다. 보고서는 단지 완료되었을 뿐이지요. 또 보고서 때문에 좋은 평가를 받을 것이라는 것도 추측에 불과합니다. 탁월한 능력의 소유자라는 것도 리더의 주관적 생각일 뿐이지요.

학생들에게도 마찬가지입니다. 수업에 제대로 참여하지 않고 남의 수업을 방해하는 아이가 있다고 합시다. '철수야, 다른 짓 하지 말고 선생님의 설명을 들어주었으면 좋겠다.' 정도면 충분한 것을 '철수야, 이 녀석아 너는 하루도 빠짐없이 남의 수업을 방해하는구나. 선생님 위해서 공부하니? 너 자신을 위해서 공부하는 거야. 노는 것은 집에 가서 놀고 학교에서는 공부해. 이제 아주 너만 보면 지겹다.' 이렇게 피드백을 주는 경우가 있지요. 아이는 어떻게 생각할까요? '하루도 빠짐없이 남의 수업을 방해했다고? 치… 그제는 한 번도 안 걸리고 공부만 했는데… 집에 가자마자 학원에 가야지 놀 시간이 어디 있어? 선생님은 아무것도 모르면서 꾸중부터 한다니까. 아, 공부는 괴로워….' 아마도 이런 생각을 했을 것 같습니다. 오히려 선생님께서 아이의 공부를 '괴로운 것'으로 만들어 버리셨네요. 피드백을 줄 때는 사실만을 간결하게 말하는 것이 좋습니다.

● 여섯, 열린 마음

피드백의 내용에 대하여 상대방이 동의하지 않는 경우도 있습니다. 이럴 때 리더의 열린 마음이 필요합니다. 능력이 탁월한 리더일수록 권위에 상처받는 것을 두려워합니다. 그래서 자기도 모르게 일방적으로 피드백을 주려고 하는 경우가 발생하지요. 구성원은 일방적인 추종자가 아닙니다. 그래서 리더의 생각과 다를 때도 있고 더 좋은 대안을 가지고 있을 때도 있습니다. 리더가 열린 마음을 유지한다는 것은 구성원들이 더욱 마음 편하게 여러 가지 이야기를 하게 만들어서 결국 리더의 능력을 더욱 풍부하게 만들어주는 역할을 합니다. 권위는 잠시 접어주시고 한껏 마음을 여십시오.

● 일곱, 서로의 성장을 가져올 것이라는 믿음

리더 입장에서 보면 피드백을 '제공되는 어떤 것'이라 생각할 수도 있겠지만 피드백은 리더와 구성원 사이에 흐르는 커뮤니케이션의 일종입니다. 그러므로 피드백은 받는 사람만이 아니라 주는 사람에게도 영향을 미칩니다. 어떤 방식으로 행하는 피드백이든 서로에게 긍정적 영향을 주는 것이 좋겠지요. 리더 입장에서는 잘 이루어지는 피드백이 자신의 성장에도 도움이 된다는 사실을 믿는 것이 중요합니다. 바람직한 피드백이 반복될수록 동료교사나 학생도 발전하겠지만 리더 자신의 전문성도 신장된다는 확고한 믿음은 더 좋은 피드백을 위해 리더가 가져야 할 마인드입니다.

● 여덟, 때로는 글로

피드백은 말로만 이루어지는 것이 아닙니다. 온라인 학습방에서 선생님이 남기는 글, 학생들에게 편지나 이메일을 보내는 행위, 모둠일기에 남겨주는 선생님의 짧은 글, 성적통지표에 나가는 선생님의 가정통신문, 문자 메시지 등은 모두 글로 주는 피드백입니다. 말로 주는 피드백은 현장성, 즉시성이 있지만 곧 사라지는 성질이 있습니다. 글로 주는 피드백은 학생에게 도달하기 까지 다소 시간이 걸리지만 기록성이 있기 때문에 학생이 지우지 않는 한 영구적으로 남습니다. 선생님의 준비 시간을 확보할 수 있다는 것도 글이 가진 피드백의 장점입니다. 학생들 중에는 선생님께서 보내주신 문자메시지나 이메일을 오래도록 지우지 않고 보관하는 경우가 많습니다. 그 내용이 사랑과 격려를 담고 있다면 훨씬 더 학생을 긍정적인 방향으로 이끌 수 있을 것입니다.

● 아홉, 기대 사항을 명확히 알림

피드백에는 구성원이 제출한 결과에 대한 리더의 생각, 격려성 메시지, 리더의 기대 등 다양한 내용이 있습니다. 피드백을 통하여 리더의 기대 사항을 알리는 경우에는 그 내용이 가급적 단순하고 구체적인 것이 좋습니다. 아울러 그것이 성취되었을 때 긍정적 경험이 되는 것이라면 더욱 좋습니다. 말썽이 잦은 학생에게 '선생님은 상우의 변화를 믿는다. 좀더 노력하면 꼭 훌륭한 사람이 될 수 있을 거야.' 와 같은 추상적인 격려 보다는 '상우야, 내일

은 지각하지 않고 일찍 올 거지? 선생님이 기다리고 있을
게.' 와 같이 구체적인 내용, 그것이 달성되었을 때 칭찬
으로 연결해 줄 수 있는 내용이 효과적입니다.

●열, 평가와 관련한 피드백

학습과 관련한 평가에는 단원에 들어가기 전에 하는 진
단평가, 학습주제에 대한 공부가 완료되었을 때 진행하
는 형성평가, 또 중간, 기말고사와 같은 총괄평가가 있습
니다. 각 평가 단계마다 적절한 피드백을 주는 것은 학습
효과를 위해서 매우 중요합니다. 단지 학생의 성취 정도
를 알아본다는 기분으로 평가를 실시하고, 그 관점에서
피드백을 주는 것보다는 평가의 결과가 '수업을 개선하
는 지표'가 된다는 관점에서 피드백을 주는 것이 중요합
니다. 예를 들어 선생님께서 열심히 지도를 해 주셨고 아
이들도 열심히 공부를 하였는데 성적이 낮게 나왔다면
원인은 문항의 난이도를 맞추지 못한 선생님에게 있는
것이므로 이를 솔직하게 인정하는 것이 학생들의 혼동을
줄이는 피드백이 됩니다. 만약 성적이 낮은 원인을 학생
들의 노력 부족으로 돌리는 피드백을 줄 경우 학생들은
과부하에 빠지게 되거나 자신의 능력을 폄하하겠지요.
혹은 선생님의 지도를 신뢰하지 못하게 될 것입니다.

13 말을 잘하는 리더

말을 잘한다는 것

'말을 잘한다'는 말 만큼 다의적으로 해석되는 말이 또 있을까요? 우리가 흔히 '그 사람 참 말 잘해'라고 이야기 할 때는 그 당시의 상황, 맥락 등에 비추어 그 본래적 의미를 해석해야 합니다. 어떤 사람이 말을 잘 한다고 할 때 '본인의 생각을 말로 잘 표현한다'라는 말은 긍정적인 의미로도 쓰이지만, 많은 경우 '말만 잘 한다'는 부정적인 의미로도 쓰입니다. 시중에 나와 있는 (상업적이고 성과지향적인) 리더십 관련 자료들을 보면 유독 리더의 '화술'을 강조합니다. 이 자료들의 핵심은 한마디로 아무리 리더가 능력이 있어도 말주변이 없으면 구성원들을 제대로 통솔하기 힘들다는 것입니다. 그런데 우려스러운 것은 이 말주변이라는 것이 상당 부분 '화술(=말의 테크닉)'에 의존하고 있지 않은가 하는 점입니다.

리더가 하는 말은 집단의 의사결정과 가장 가깝게 닿아 있기 때문에 진정성이 있어야 하며 구성원들에게 큰 영향을 미칠 수 있다는 점에서 단순히 기술로만 해결될 수 없는 특징을 갖습니다. 다시 말하지만 테크닉만으로 습득된 말하기는 실천과의 괴리, 신뢰의 부족, 소통에서의 문제를 야기합니다. 무엇보다 생명력이 짧습니다. 차라리 말을 잘 못해도 묵묵히 실천하는 모습을 보이는 리더가 훨씬 능력 있는 리더입니다.

제가 생각하는 리더의 말하기 능력은 필요한 말을, 필요한 시기에 하는 것입니다. 당연히 해야 할 말을 회피하지 않는 것, 불필요한 말을 반복하지 않는 것이 화술보다 중요한 리더의 말하기입니다. 아울러 상대를 설득할 수 있는 의사소통 능력으로서의 말하기를 강조하고 싶습니다. 저는 말을 잘하는 리더의 조건으로 다음과 같은 몇 가지를 생각해 보았습니다.

● 하나, 상대의 말을 잘 듣기

상담기법에 '적극적 경청' , '긍정적 공감' 이라는 기법이
있습니다. 상대의 입장이 되어 충분히 듣고, 상대의 입장
에서 생각하라는 것이지요. 내가 잘 듣고 있다는 표시를
어떻게 상대방에게 전달할 수 있을까요? 여러 가지가 있
지만 상대를 응시하며 고개를 끄덕이는 것만으로도 훌륭
한 효과를 발휘합니다. 조금 더 나아가 공감을 말로 표시
할 수 있습니다. 이는 일방적으로 상대의 이야기를 듣기
만 하고 있다는 것이 아니라 '참여' 하고 있다는 표현입
니다.

예를 들면,

'아, 그러셨군요. 이해할 수 있을 것 같아요.' ,

'저도 그런 적이 있었는데… 그때 얼마나 낙심했던
지….'

이런 식의 공감적 표현은 상대를 더욱 신나게 이야기
하도록 합니다.

적극적으로는 '되묻기 기법' 을 활용할 수 있습니다.

예를 들면,

'김 선생님이 연우 학생의 그림이 좋다고 말씀하셨다
는 것이지요?' ,

'그때 선생님 기분은 어떠셨어요?'

이런 식의 되묻기는 대화를 좀더 집중적인 내용으로 유도하며 본질에서 벗어나지 않도록 조절하는 역할을 합니다. 명심하셔야 할 것이 있습니다. 너무 기계적으로 구사하지 마십시오. 자연스럽게 물 흐르듯이 대화를 이끌어 내는 반복적인 경험 속에서 체화될 수 있는 개념입니다. 존중과 공감은 리더의 말하기 덕목 중의 으뜸입니다.

●둘, 쉽게 판단하려 하지 말 것

끊임없이 분석하고, 기민하게 판단하며 그것을 근거로 상대와의 대화를 지속하려는 리더가 있습니다. 상대방이 그것을 원하고 있을 것이라고 착각하는 경우도 있지요. 대개의 경우 대화의 상대방은 해결책을 바란다기보다 자기 혼자 생각하고 있지 않다는 공감대를 확인하고 싶어서 대화를 청하는 경우가 많습니다. 몇 번의 고개 끄덕임과 맞장구로도 훌륭한 대화를 할 수 있음에도 상대방의 말 한 문장이 끝날 때마다 분석하고 재단하며 판단하려는 태도는 옳고 그름을 떠나 이러한 방식은 구성원과 거리감만 생기게 할 뿐입니다. 또 상대방의 이야기를 어느 하나의 틀에 가두기 위해 노력하는 경우도 있습니다. 제 경험 중의 하나를 예로 들어 보겠습니다.

모 기관에서 교사들의 리더십 연구과제를 수행하는데

자문위원으로 참여한 적이 있습니다. 자문협의회 때 제안된 내용에 대하여 제가 이야기를 했습니다.

제 이야기의 골자는,

'교사들의 리더십이라는 것이 어떤 특정한 속성 몇 가지를 가지고 이야기할 수 있는 것 아니라 그때그때 맥락과 상황에 따라 다른 것이니 만큼 연구 초기 단계에서 보다 많은 교사들이 인식하고 있는 리더십 속성에 대하여 인터뷰를 해 보는 것이 좋지 않을까요?' 라는 것이었습니다.

이에 대하여 연구진에서는,

'아, 함 선생님께서는 상황적 리더십에 대한 비중을 두고 계시군요.'

물론 리더십에는 강압적 리더십, 상황적 리더십, 혁신적 리더십 등 여러 갈래가 있습니다. 그러나 제가 이야기한 것은 이런 이론적 딱지 붙이기의 맥락은 전혀 아니었습니다.

또 하나.

'교사들의 리더십은 성과지향적인 것보다는 나눔과 촉진에 중심을 두고 연구해 보는 것이 어떨까요? 학교 현장에서는 여전히 형식적, 관료적인 리더십이 영향력을 발휘하고 있지 않습니까?'

곧바로 연구진의 판단이 넘어 왔습니다.

'함 선생님, 도덕적 리더십에 대한 말씀이시지요?'

이렇게 되면 말하는 사람은 할 말을 잃어버리게 되지요. 어떤 말을 하던 하나의 딱지가 붙고, 그 딱지는 대화 내내 선입견과 편견으로 작용하여 대화를 본질을 방해할 것입니다.

대화를 할 때에는 판단을 유보하거나 판단의 시기를 늦추십시오. 최종적인 판단에서는 상대를 참여시키는 것이 좋습니다. 그것이 책임을 공유하고 함께한다는 기분을 줄 수 있는 방법입니다.

● 셋, 진지한 것을 유머러스하게 말하기

리더가 (객관적 사실보다) 너무 진지하게 말하는 경우, 구성원들은 쉽게 피로감을 느낍니다. 구성원들은 늘 수업과 업무에 대한 압박감을 가지고 있습니다. 리더의 말하기 방법은 압박감을 확인하고 가중시키는 기제가 될 수도 있고, 부담감을 더는 활력소가 될 수도 있습니다. 진지한 것은 좋지만 가능하면 유쾌함을 조장하는 것이 훨씬 좋습니다. 다만, 유머가 중요하다고 해서 여기저기 떠도는 스토리를 나열하여 억지웃음을 유도하는 것은 좋지 못합니다. 리더가 팀을 유쾌하게 이끌려고 하는 자세, 그리고 리더 스스로 밝은 모습을 갖는 자체가 중요한 것이지 유머의 스토리 자체가 중요한 것은 아니라는 점을 짚고 넘어갑시다.

● 넷, 여백으로 대화를 풍성하게 꾸미기

여백이라고 해서 말을 중간 중간 끊고 하라는 기계적인 화법을 의미하지는 않습니다. 형식에서의 여백도 중요하지만 내용에서의 여백을 어떻게 살려나갈 것인가는 리더가 생각해야 할 중요한 말하기 기법 중의 하나입니다. 여기서 여백이란 '상대에게 생각할 여유를 주고 참여시킬 수 있는 공간' 입니다. 물론 여백이 너무 길어지거나 자주 있게 되는 것도 좋지 않습니다. 리더는 대화를 이끌면서 여백을 잘 조절할 수 있도록 합니다.

● 다섯, 필요할 때는 확신을 말하기

민주적 의사소통을 잘못 이해하는 사람들 중에는 리더 역시 공동체에 참여하는 단순 구성원으로서 구성원들과 똑 같은 비중으로 말해야 하고 무엇인가를 결정할 때는 반드시 민주적 절차에 따라 어떤 형태로든 모든 구성원이 참여하는 방식을 선호합니다. 그러나 현실적으로 리더와 구성원들은 경험이 다르고 고민의 깊이가 다르고 미래를 바라보는 비전에서 차이가 납니다. 이것을 무시한 기계적 의사소통은 조직을 정체하게 만들거나 퇴보하게 할수 도 있습니다. 때로 리더는 확신을 가지고 말할 필요가 있으며 구성원들을 위하여 결의를 보여야 합니다. 특히, 그것이 리더에게 어떤 불이익이 예상될 때는 더욱 그러하지요. '불의는 참지만 불이익은 참지 않는' 리더가 되지 않아야 합니다.

●여섯, 표준 어법 구사하기

제가 교사들에게 늘 강조하는 말이 있습니다. 인터넷 시대에 교사들이 만드는 학습 자료는 제작자의 손을 떠나는 순간 '교육용 콘텐츠' 로써 작동하기 때문에 그곳에 들어가는 모든 표현은 (특히 제작자의 음성이 들어가는 경우 더욱) 표준 어법을 따라야 한다는 것입니다. 표준 어법이 품위가 있습니다. 표준 어법은 전달력을 극대화시키고 오해를 최소화합니다. 사투리를 심하게 쓰는 사람은 아무래도 불리하지 않겠는가라는 질문을 있을 법 합니다만, 억양은 교정이 힘들겠지만 어법은 얼마든지 노력하여 수정할 수 있습니다.

　말에서 느껴지는 품위와 교양은 의외로 상대방을 설득할 때 큰 힘이 됩니다. 아나운서들의 말이 그 진실여부와 상관없이 설득력이 있어 보이는 것도 표준 어법과 무관하지 않습니다. 저는 대학 다닐 때에 학교 방송국에서 아나운서와 기자 생활을 하였는데 이때 신문을 소리 내어 읽는 연습을 많이 했었습니다. 지금도 때로 혼자 있을 때에는 신문을 소리 내어 읽습니다. 마치도 뉴스를 진행하듯이 말이죠. 선생님들께도 권해 드리는 방법 중의 하나입니다.

●일곱, 남의 말은 신중하게

모든 '남의 말'은 갈등의 원천이 됩니다. 그것이 칭찬이든, 비난이든, 남에 대한 말을 할 때는 최대한 신중해야 합니다. 하고 싶은 말 다하면서도 좋은 리더가 될 수 있다는 생각은 욕심입니다. 다만, 그렇다고 해서 격려해야 할 것을 생략하고 지적해야 할 것을 생략하라는 이야기는 아닙니다. 최소한 리더는 갈등을 해소할 수 있는 방향으로 남의 말을 하라는 것입니다.

●여덟, 강약 조절은 대상에 따라

우리가 비난해 마지않는 리더의 유형 중에는 강한 힘에 쉽게 굴복하고 약자에게는 온갖 능력을 과시하려는 부류가 있습니다. 힘을 가진 곳에 떳떳하게 말할 수 있어야 하고 약한 곳을 향해서는 한 없이 자애로울 수 있어야 합니다. 또한 리더의 말을 듣는 청중의 수나 분위기에 따라 자연스러운 강약 조절이 필요합니다. 물론 말의 내용에 따라서도 강조해야 할 대목과 부드럽게 처리해야 할 대목을 잘 구분해야겠지요.

●아홉, 성(性)의 구분보다 앞서는 것, 주체로서의 멤버십

어떤 사람들은 남자와 여자는 어떻게 다르고, 따라서 어떻게 상대해줘야 편안해 하고, 또 어떻게 접근해야 설득이 쉽고… 이런 주장을 합니다. 대체로 남자는 논리와 이성에 강하고 여자는 감성과 분위기에 강하다는 이유를 들어 남녀의 차이를 정확하게 보고 그에 따라 처방을 내리는 리더를 능력 있는 리더로 봅니다. 그래서 말할 때도 그러한 성별 차이를 고려해서 대화를 나눌 경우 성공하는 리더가 될 수 있다는 것입니다. 어떤 학자는 뇌구조상의 과학적 근거를 들어 이것을 규명하기도 합니다. 필자의 경험으로 보아도 어느 정도는 새겨들을 말입니다. 그러나 이것이 다는 아닙니다. 남과 여로 구분하기 이전에 그 모두는 같은 목적을 공유하는 주체적인 구성원입니다. 오히려 논리와 이성, 감성과 분위기로 의식적으로 남

녀를 구분하는 행위야 말로 반 양성평등적이고 올바른 조직운영 방법이 아니라는 것을 강조하고 싶습니다. 여성에게서도 논리와 이성을 바탕으로 하는 아이디어가 발휘될 수 있다는 점이 인정되어야 하고 남성에게서도 부드러움과 섬세함을 바탕으로 하는 상상력과 창의성이 나올 수 있다는 것을 인정하는 것, 이것이 리더십과 관련하여 남녀를 동시에 이해하는 길입니다.

●열, 말로 가르치려 들지 않기

항상 훈계조로 말하는 리더가 있습니다. 대화를 독점한 후 길게 얘기하는 훈계조의 이야기는 구성원들이 가장 싫어하는 말하기 유형입니다. 말로 가르치려 든다면 그것을 대화가 아니라 강의입니다. 진정성을 가지고 피차 가지고 있는 경험과 소양을 나누다 보면 물 흐르듯이 소통되는 것이 있게 마련이고 이렇게 상호침투 되면서 때로 지도와 피지도의 관계, 대등한 소통관계가 반복되면서 관계가 성숙됩니다.

'말하기'는 리더가 갖춰야 할 중요한 능력 중의 하나입니다. 말하기는 듣기 능력을 포함합니다. 잘 듣는 리더는 상대의 의도를 충분히 이해하고 있기 때문에 짧게 말하더라도 오해 없이 자신의 의사를 전달할 수 있습니다.

대개 대화에서 오해는 상대의 말을 끝까지 듣지 않기 때문에 발생합니다. 화려한 말의 기술은 잠시 멋있어 보일지 몰라도 길게 가지 못합니다. 리더에게 필요한 것은 '말하기 기술'이 아니라 '소통 능력'입니다.

14 글을
잘 쓰는 리더

말하기와 글쓰기

말을 통한 리더십의 발현은 주로 오프라인을 기반으로 하는 조직운영에서 면대면 의사전달 방법의 하나입니다. 앞 강의에서 말을 잘하는 리더의 조건으로 열 가지의 조건을 꼽았습니다. 열 가지 조건의 핵심은 리더의 말하기란 기술(skill)이 아닌 구성원과의 소통(communication) 능력이었습니다. 말과 글은 다릅니다. 말하기의 특징은 현장성, 즉시성, 휘발성 등입니다. 현장성이라 함은 말하는 사람과 말을 듣는 사람이 한 자리에 있음을 뜻하는 것이며 즉시성은 글과 달리 동시 상호작용이 가능함을 의미하는 것입니다. 이런 측면에서 온라인 대화방은 '글로 하는 말'이라 볼 수 있습니다. 글과 말의 특징을 모두 담고 있기 때문입니다. 그러니까 이를 이르는 명칭도 대화방인 것이지요. 휘발성이라 함은 말한 내용이 기록으로 남지 않고 모두 사라진다는 뜻입니다. 다시 말하면 말은 수정이 쉽지 않습니다. 리더가 글을 잘 쓰기 위한 조건은 지난 편에서 언급한 말을 잘하기 위한 조건을 모두 포함합니다. 그리고 플러스 알파가 있습니다. 이는 말이 글로 옮겨졌을 때의 조건을 모두 충족시키면서도 특별히 글을 쓸 때 갖춰야 할 조건을 더하여 포함해야 한다는 뜻입니다.

리더의 글쓰기

말을 잘하는 리더라면 '말 하듯 글을 쓰면' 좋은 글이 됩니다. 그러나 말 주변이 없는 리더도 글을 잘 쓸 수 있습니다. 자신의 생각을 차근차근 적어 나갈 수 있기 때문이고 언제라도 수정하면서 최적의 상태로 다듬어 게시할 수 있기 때문입니다. 말과 달리 한 번 적힌 글은 기록으로 남아 두고두고 읽혀질 수 있습니다. 제대로 정돈된 글이라면 그 글이 많은 구성원들에게 다양한 방법으로 전달이 되면서 리더의 생각을 전파하게 될 것이기 때문에 말보다 전파 효과 면에서 경제적일 수 있습니다. 하지만 반대로 글이 가진 기록성, 공식성 때문에 말에 비하여 더욱 높은 책임성을 동반합니다. 흔히 책임을 다투는 자리에서는 누가 무슨 말을 했는가 보다는 '근거가 되는 문서'를 찾습니다. 글이 가진 공식적 영향력 때문입니다. 이는 리더의 글쓰기가 말하기보다도 신중함과 책임감을 요하는 조건이 됩니다.

전통적인 글쓰기 방법은 물론 중요합니다. 간결하게 쓰기, 핵심을 명확히 하기, 체제를 갖추기, 맞춤법을 지키기, 예의와 존중이 스며있는 글쓰기, 인용은 정확하게 밝히기… 이 모든 것들이 리더가 글쓰기를 할 때 명심해야 할 대목들입니다. 그런데 요즘은 전통적인 글쓰기 방법만으로 리더의 능력을 극대화할 수 없습니다. 전통적 글쓰기 방법에서는 어쨌든 활자화된 글을 구성원들이 애정을 가지고 읽어준다는 조건이 있기 때문에 다소 긴 문장이거나 좀 딱딱한 문체라 하더라도 의사 전달력이 높습니다. 그런데 이러한 전통적 글쓰기 방법을 그대로 온라인 공간으로 옮겨 온다면 실패할 가능성이 매우 높아집니다. 여기서는 온라인 공간에서의 효과적인 글쓰기 방법에 대하여 알아보겠습니다.

하이퍼텍스트 기반 글쓰기

지금 우리가 더 많이 애용하는 글쓰기 공간은 하이퍼텍스트 공간입니다. 이메일을 주고받는 것, 인터넷 게시판에 글을 올리는 것, 인터넷 매체에 글을 쓰는 것, 대화방에서 대화를 나누기, 메신저를 주고받기 등등은 모두 하이퍼텍스트 공간에서 이루어지는 글쓰기 방법들입니다. 하이퍼텍스트 기반의 글쓰기에서는 종래 우리가 가져왔던 전통적인 글쓰기 방법들이 무시됩니다. 하이퍼텍스트 공간은 그대로 인터넷(web)과 같은 의미로 생각해도 좋습니다. 그러면 하이퍼텍스트 공간의 특징과 이에 맞는 글쓰기 방법을 알아보도록 하지요.

● 하나, 두괄식 글쓰기

하이퍼텍스트 공간에서 글을 읽을 것이냐 말 것이냐, 어디까지 읽을 것이냐는 전적으로 구성원(독자)의 판단입니다. 대개의 경우 하이퍼텍스트는 전부 읽혀지지 않습니다. 주로 앞부분만 읽혀지는 경우가 허다합니다. 이렇기 때문에 앞부분에 의하여 전체 맥락이 판단되는 경우가 많습니다. 하이퍼텍스트가 망구조(web) 위에 얹혀지기 때문에 독자는 언제라도 다른 곳으로 이동하거나 화면을 닫아 버릴 수 있습니다. 하이퍼텍스트는 누구나 글을 게시하기 쉽지만, 독자들은 아무 글이나 읽지 않습니다. 따라서 이를 간파하고 있는 리더라면 결론을 먼저 제시하는 두괄식 글쓰기를 할 것입니다.

●둘, 하이퍼텍스트는 읽는 글이 아니라 보는 글

인쇄매체는 책장을 넘기며 봅니다. 이를 아날로그 매체가 가진 전형적 특징이라고 한다면 하이퍼텍스트는 넘기며 보는 글이 아니라 마우스로 클릭하여 보는 글입니다. 언제든 손가락의 작은 움직임 한 번으로 즉시 선택, 즉시 이동을 할 수 있습니다. 따라서 인쇄매체에 비하여 '시각적 글쓰기'가 필요합니다. 즉, 읽는 글이 아니라 '보는 글'을 만들어 내야 합니다. 보는 글을 만드는 방법에는 몇 가지가 있는데 제목을 함축적으로 뽑아 크게 달기, 적절한 하위 제목 달기, 의미 단락이 아닌 시각 단락을 이용하여 가독성을 높이기, 필요한 경우 표나 그림 등을 제시하여 이해를 돕기 등의 방법이 있습니다.

●셋, 한 번 올려진 글은 빠르게 전파, 공유된다는 사실

인터넷에 올려지는 글은 그 순간 디지털 자원으로 변합

니다. 디지털 자원의 특징은 무엇일까요? 저장과 무한 복제가 가능하고, 갱신과 삭제가 가능한 자원입니다. 글을 게시하기 전에는 몇 번이고 검토를 거쳐 신중을 기하는 것이 좋고, 무한 전파됨을 전제로 글을 작성하는 것이 좋습니다. 아울러 즉시 반응이 올라올 수도 있으므로 여기에 적절하고 빠른 피드백을 줄 수 있는 사람이 능력 있는 리더가 될 수 있습니다.

●넷, 더욱 강조되는 필자의 책임

저는 제가 쓴 글에 대하여 권리를 주장하기 보다는 책임을 강조하는 편입니다. 저작권을 밝히는 방식으로 〈제가 쓴 글은 제가 책임지겠습니다. 상업적으로 이용할 수 없으며 글을 옮기실 때에는 출처를 정확히 밝혀주십시오.〉 이런 말을 말미에 쓰곤 하는데, 권리를 주장하기 보다는 모두의 책임을 강조하는 것이 좀더 호소력이 있겠다는 생각이 들어 쓰고 있는 일종의 '권리와 책임'에 대한 표기 방식입니다. 아울러 타인의 글을 인용했을 때나 자료를 이용하였을 때 그 출처를 명확히 밝히는 것은 아무리 강조해도 지나치지 않는 온라인에서의 글쓰기 법칙입니다.

● 다섯, 글을 쓰기 전에 대상을 먼저 보기

교사인 구성원들을 향하여 쓰는 글과 학급의 학생들을 향하여 쓰는 글은 다릅니다. 어느 정도 동기화되어 읽을 준비가 되어 있는 교사들에게는 다소 긴 글이나 어려운 글도 읽혀지기를 기대할 수 있지만 학생들은 그렇지 않습니다. 학생들을 대상으로 하는 글은 무조건 쉽게 써야 하고, 결론부터 제시하여야 하고, 전체 길이가 짧아야 하며, 간결체에 그림이나 표 등을 제시하여 시각적 메시지로 전달하는 것이 좋습니다. 이렇게 하면서도 꼭 해야 할 이야기를 빼 놓지 않고 전달하는 글을 위하여 교사는 노력해야 합니다.

● 여섯, 상호작용 장치를 병행하기

글쓰기 기술만으로 독자들을 설득할 수 있다고 생각하는 것은 오산입니다. 아무리 시각화된 메시지로 꾸미더라도 독자들은 잘 읽지 않습니다. 이것이 온라인의 속성입니다. 그래서 일방적 글쓰기보다는 상호작용 장치를 병행하는 것이 좋습니다. 글쓰기 역시 말하기와 같이 소통의 한 가지 방법이기 때문입니다. 상호작용 장치는 다양합니다. 글쓴이에게 메일을 보낼 수 있도록 메일주소를 표기하는 것, 답글이나 댓글을 달 수 있는 공간의 마련과 같은 장치 속에서 신속하고도 적절한 응답이 열독율을 높여줄 것입니다.

●일곱, 무엇보다 진정성이 드러나야

가식적인 글은 독자들을 피곤하고 짜증나게 만듭니다. 단순히 화려한 미사여구나 온갖 시각매체로 채워졌다고 해서 좋은 글이 될 수 있는 것은 아닙니다. 요즘 독자들은 인터넷에 올라오는 모든 글이 신뢰성 있다고 아무도 생각하지 않습니다. 좋은 글의 제일 기준은 진정성입니다. 글을 통하여 진정으로 구성원과 교감하려는 마음과 자세가 되어 있지 못한 리더는 글로 자신을 드러내기 전에 먼저 자기성찰 능력을 기르는 것이 순서입니다.

학생들의 모둠일기에 써주는 교사의 한 문장, 성적 통지표에 기술하는 행동발달상황 한 마디에는 교사의 진정성이 그대로 드러납니다. 얼마 전 학생들과 방학 전 활동으로 미로 찾기와 스도쿠 퍼즐 게임을 하였습니다. 한 학생이 완성했다고 교탁 앞으로 들고 나왔습니다. 저는 사인펜을 들고 한참을 생각하다가 '오, 해냈구나. 멋진 연우!' 이렇게 써 주었더니 학생이 그렇게 좋아할 수가 없었습니다. 평소에는 대단히 조용한 학생이었는데 말이죠. 교사의 작은 몸짓에도 진정성이 있다고 판단되면 아이들은 행복해 합니다.

● 여덟, 풍부한 어휘 구사 능력

말하기와 마찬가지로 글쓰기에서도 중요한 것이 리더가 주로 구사하는 어휘의 범위입니다. 단 몇 단어만 가지고도 뜻을 정확히 전달할 수 있다면 좋겠지요. 그러나 같은 말을 반복하여 쓰는 것, 중언부언하는 것, 꼭 들어맞지 않는 말을 여기저기 남용하는 것 등은 한마디로 어휘가 부족하기 때문입니다. 어휘가 풍부한 게 좋다고 어려운 말을 많이 쓰는 것이 바람직한 것일까요? 어려운 말, 어려운 문장을 구사하는 사람에게는 학문적 권위를 뽐내려는 심리가 있습니다. 심지어 학문이 깊은 분들 중에도 영어로 된 문장을 번역하면서 '마땅히 한국말로 뭐라고 해야 할지 모르겠다.' 는 분들도 많이 있습니다. 영어 자체로는 선명하게 그 의미가 떠오르는데 왜 한국말로 옮기지 못할까요? 간단합니다. 영어 공부만 열심히 하고 우리말 공부를 소홀히 한 결과입니다.

어휘가 풍부하다는 것은 상황에 가장 적합한 문장을 조합해 낼 수 있음을 의미합니다. 그런데 어휘를 풍부하게 하려면 단어를 많이 외우면 될까요? 그렇지 않습니다.

어휘는 경험의 반영입니다. 좋은 책을 많이 읽어 간접 경험을 쌓고, 또 실천의 장에 많이 참여하면 할수록 어휘는 늘게 되어 있습니다. 그 다음에는 자꾸 이야기를 만들어 보아야하고 글을 써 보아야 합니다.

● 아홉, 리더의 글은 매력이 있어야

리더의 글은 사람을 끄는 매력이 있어야 합니다. 매력이 있는 글은 도대체 어떤 글일까요? 김려령 작가의 소설 '완득이' 를 읽어 보셨는지요? 얼마 전 이 소설을 한 달음에 읽은 후 저는 '바로 이거야!' 라고 소리를 치고 말았습니다. 완득이도 완득이었지만 제가 주목한 캐릭터는 바로 완득이의 담임 선생님 '똥주' 였습니다. 소설 속에서 똥주 선생은 많은 말을 하지 않습니다. 가끔 '시불놈!' 이렇게 욕설을 하기도 합니다. 교과서적으로만 보면 똥주 선생은 문제교사입니다. 그러나 소설을 읽고 나면 누구든 똥주 선생의 매력에 빠지게 됩니다. 바로 이것이 매력 있는 글을 쓰는 작가의 능력이 투영된 결과입니다.

　소설에서 똥주 선생은 말이 아니라 실천을 통하여 아주 많은 철학을 이야기합니다. 이것이 중요합니다. 똥주 선생은 소외계층에 대하여 관심을 가지라고 얘기하지 않습니다. 또 다문화가정에 대한 애정을 강요하지 않습니다. 그러나 그는 자신에게 체화된 실천을 통하여 자연스럽게 보여줍니다. 만약 똥주 선생이 나와서 뭔가 지도하고, 강의하고, 계몽하려 했다면 그는 사랑스런 캐릭터를 부여받지 못했을 것입니다. 그것이 바로 매력 있는 글을 쓰는 작가의 힘이라는 생각이 들었습니다. 철학이 살아 있되, 감성이 넘치는 글은 읽는 이로 하여금 깊은 감동을 느끼게 합니다.

● 열, 모든 것을 말해 주는 카피(copy)

어떤 학습 게시물의 제목을 '집합과 자연수의 개념'이라고 썼다고 합시다. 학생들이 이 게시물을 선뜻 읽어보려 할까요? 같은 내용이라도 어떤 카피를 동원하느냐에 따라 학생들의 동기유발과 탐구의욕은 달라질 수밖에 없습니다. '꼭 알아야 할 집합의 성질 세 가지!' 이렇게 쓰면 위의 평면적인 제목보다는 조금 낫군요. 또는 '예쁜 학생들의 모임이 집합이 될 수 없는 이유' 이렇게 제목을 달수도 있겠습니다.

모처럼 인터넷에 글을 올렸는데 아무도 글을 읽지 않는다면 먼저 선생님의 카피 방식을 재고해 보십시오. 한동안 저는 강의를 할 때마다 수강생들에게 꼭 카피 훈련을 시키곤 했습니다. 과제에 맞는 카피를 게시판 제목으로 뽑아 카피를 작성하게 하고 10분 정도 자연스럽게 타인의 것들을 열람한 후 조회수를 비교하면서 원인을 분석하는 것입니다. 선생님들도 무척 재미있어 하십니다. 다만, 경계할 것은 지나치게 흥미위주의 카피나 선정적 문구 등은 텍스트를 읽게 하는 데는 효과가 있을지 몰라도 학습효과 측면에서는 역효과가 날 수도 있다는 사실을 꼭 명심하십시오. 참고로 제가 그동안 작성한 카피들 중에서 비교적 성공적이었던 것을 몇 개 설명과 함께 올려드립니다.

'교실밖선생님'

'교실밖'은 온라인(사이버)을 표현하는 제 카피 방식입니다. '사이버교사'보다는 교실밖선생님이 훨씬 매력적이지 않은가요? 그런데 이 카피는 하마터면 빼앗길 뻔했습니다. 그 경위를 설명하자면 긴 얘기가 되겠고요. 지금은 제 이름으로 상표 등록이 되어 있으니 안심이지요. 그밖에 '교실밖교사커뮤니티', 약칭으로 '교컴'과 같은 명칭을 제가 지어냈는데 모두 상표 등록이 되어 있어 권리를 보호받고 있답니다.

'디지털@교실밖'

교실밖선생님과 비슷한 맥락에서 디지털 느낌과 아날로

그의 느낌을 혼합한 것입니다. 혹시 제가 어떤 교사연수원을 설립한다든지, 미국의 ASCD 같은 큰 규모의 교사 전문성 개발 센터 같은 것을 세운다면 쓸 이름으로 정해 놓은 것입니다.

초보들의 반란을 위한 새로운 형식의 웹강좌
'함선생의 컴퓨터 따라잡기'

교컴의 전신이었던 교실밖선생님의 대표 강좌 제목입니다. 벌써 11년이 지났습니다만. '사례로 풀어 보는 PC 테크닉' 과 함께 월간 PC 전문지에도 연재가 되었었지요. 당시에는 선생님들께서 '컴맹' 혹은 '컴퓨터 초보' 라는 것을 매우 두려워하던 때였습니다. 마침 여러 교단선진화 기기들도 학교에 들어오던 때라 선생님들에게 자신감을 주자는 의미에서 카피를 뽑았는데 당시 그 강좌는 공전의 히트를 기록하면서 저를 인터넷 스타로 만들어 주었지요.

'캡틴과 함께 한 시간, 인터넷에 내 집이 생긴다'

위 카피도 모 잡지에 연재된 강좌의 제목인데요. 캡틴은 제 닉네임입니다. 제가 쓴 첫 단행본의 제목이 '캡틴과 함께 처음으로 만드는 홈페이지' 였었는데 이렇게 알려진 닉네임을 활용하자는 의미가 있었습니다. 같은 내용의 강좌를 인터넷으로 제공했었는데 제목만 보고도 조회 수가 굉장하게 올라간 경우입니다. 만약 '교사를 위한 홈 페이지 제작 강좌' 이렇게 진부한 카피를 달았다면 어떻 게 되었을까요? 아마도 그 많은 홈페이지 제작 강좌들과 차별성을 갖지 못하고 묻혀 버렸을 것입니다.

'캡틴과 함께라면 불면조차 감미롭다'

역시 제 닉네임을 살려서 썼던 카피 중의 하나입니다. 사실 이런 카피는 애써 강조하기보다 슬쩍 올려두는 것이 좋습니다. 그러면 열성적인 구성원이 띄워주게 마련입니다.

'마우스 버튼만 스쳐도 인연'

지금도 교컴의 자유게시판 부제로 쓰고 있는 카피입니다. '옷깃만 스쳐도 인연' 이라는 속담의 온라인 버전인 셈이죠.

그 외에도 사이버에서 인간의 존엄성을 강조했던 '인간의 얼굴로 만나는 사이버 교육공동체', 논문의 제목으로 사용했던 '기능적 ICT 활용교육을 경계함', 지금도 교컴 첫 화면에 있는 '수업전문성 신장을 위한 온라인 교사 공동체, 교컴' 등이 있습니다. 최근에는 '한달 천 원으로 세상에서 가장 의미 있는 일에 동참하는 방법, 바로 교컴 키우기입니다.' 라는 카피를 개발하였는데 '천원' 이라는 카피 덕에 많은 교사들이 후원에 동참해 오는 바람에 후원금이 증가하기도 했습니다.

리더가 팔방미인이어야 할 필요는 없겠지만 가장 중요한 덕목으로 '구성원들과의 소통능력' 을 꼽는데 주저할 사람은 없을 것입니다. 그런데 정보화 사회에서 모든 조직의 구성원이 늘 만나면서 의사소통을 하는 것은 아니기 때문에 온라인을 기반으로 하는 글쓰기 능력의 신장이 강조되는 것입니다. 오늘, 능력 있는 리더가 되고 싶다면 하이퍼미디어 공간의 특성을 파악하는 것이 우선입니다.

15

강의를
잘하는 리더

좋은 강의

리더인 교사의 강의 대상은 '학생'과 '다른 교사'들입니다. 학생들에게는 수업이라는 과정을 통하여 교사의 강의가 진행되고 '또 다른 교사'들에게는 대개 연수라는 이름으로 강의가 행해집니다. 학생들은 내용이 명쾌하여 시험 공부하기 편하게 진행되는 강의를 선호합니다. 이에 따라 강의에 임하는 교사도 좀더 정교하게 짜여진 수업 계획을 원합니다. 그래서 시작부터 끝까지 앞뒤가 똑 떨어지는 강의를 하기 위해 교재연구를 하고 수업지도안도 짜보고, 자료도 구해보는 등의 노력을 합니다. 기존의 관점에서 보면 학생들이 이뤄야 할 목표가 명확하게 제시되고, 이를 위해 몇 가지의 과정들, 이를 테면 도입—전개—정리—평가와 같은 과정이 분명한 강의가 강의를 하는 교사 입장에서도, 강의를 받아들이는 학생의 입장에서도 좋은 강의로 생각되는 것 같습니다.

연수라는 이름의 교사 대상 강의에서도 마찬가지입니다. 교사들은 흔히 '오늘 강의는 귀에 쏙쏙 들어오는 강의였어.' 라는 말로 강의의 질에 대한 평가를 내립니다. 아울러 요즘은 뭔가를 얻어가는 방식을 원하는 것 같기도 합니다. 즉, 수업에 바로 사용할 수 있는 특정 자료나 기술 같은 것에 대한 선호가 높습니다.

제가 겪었던 사례 한 가지를 말씀 드리겠습니다. 꽤 규모가 큰 교과모임의 초청으로 강의를 갔던 적이 있습니다. 당시 ICT 활용교육이 너무 기술적 측면만 부각되어 강조되었던 탓에 수업이 기능화 되고 있다는 문제인식 아래 저에게 'ICT 활용교육의 철학' 이라는 제목으로 강의를 요청하였습니다. 저는 기능적 ICT 활용교육의 폐해를 예를 들어 설명한 후 '활동중심의 ICT 활용교육' 을 대안으로 제시하는 방식으로 강의를 진행하였습니다. 강의가 끝나고 질의응답 순서가 되었습니다. 한 선생님께서 질문을 하셨습니다. '저는 ICT 활용교육이라 해서 수업에 쓸 수 있는 기술 같은 것을 배우려고 왔는데, 강의가 너무 어렵고 오히려 고민만 늘어났어요.' 라고 호소를 하시는 것이었습니다. 사회자 선생님께서 수습해보려 애를 쓰셨지만 어색한 분위기는 꽤 오래 지속되었습니다. 강의주제를 떠나 들려주고 싶은 강의와 듣고 싶은 강의의 간극이 클 때 발생할 수 있었던 소중한 경험이었습니다.

사실 학생들이나 교사들에게 '뭔가 명쾌하며 정리가 되는' 강의를 제공하는 것은 어려운 일이 아닙니다. 어쩌면 가장 쉬운 방법 중의 하나입니다. 강의자 입장에서 가장 유혹을 많이 받는 강의 방식이기도 합니다. 왜냐하면 무엇을 준비하고 어떻게 강의해야 할 것인가가 비교적 잘 보이기 때문입니다. '좋은 강의란 내용을 잘 전달하는 것' 이라는 기존의 관점에서 보면 그러합니다. 오랫동안 우리를 지배해 온 절대적 지식관의 산물이기도 합니다.

그런데, 생각해 봅시다. 과연 내용이 귀에 쏙쏙 들어왔다는 것은 무엇을 의미하고, 다음 시간 수업에서 바로 사용할 수 있는 자료나 기술을 얻었다는 것은 그 교사에게 무엇을 의미할까요? 이른바 '발달' 혹은 '촉진' 이라는 관점에서 이 교사에게 습득된 능력은 무엇일까요?

학생들에게도 마찬가지입니다. 예를 들어 토론수업을 진행하면서 다양한 토론 기법들을 열심히 전달하고 그러한 절차를 세세하게 지키기를 요구하는 교사가 있다고 합시다. 이 교사가 학생들을 통하여 달성하고 싶은 목표는 타인과의 합리적 의사소통일까요, 매뉴얼에 입각한 토론기술일까요? 아마도 대학입시 등 현실의 문제를 들어 토론 기술을 더 선호할 것임은 자명합니다.

평범한 리더는 이미 나온 내용을 잘 포장하여 정확히 전달하는 데 중점을 둘 것입니다. 이 평범한 리더는 그 과정에서 전달력을 높이기 위한 화려한 기술이나 교수법 등을 연마하기 위하여 노력을 할 것이고 수업에 바로 쓸 수 있는 무엇인가를 전달하기 위해서 부지런히 자료를 찾을 것입니다. 이는 '기술적 합리성(technical rationality)'을 중시하는 관점입니다. 이 사람은 잘 전달할 수 있을지 몰라도 좋은 강의를 한다고 보기는 어렵습니다.

최근 경향은 기술적 합리성에 의존하기보다 통합적 시각에서 맥락과 연계를 중시합니다. 이때 필요한 것은 교사의 끊임없는 '반성적 사고 과정' 입니다. 이것이 특별히 중요한 것은 교사 스스로 자기주도적 수업전문성 신장의 경험을 가질 때 그와 함께 수업에 참여하는 학생도 자기주도성을 강화할 수 있다는 점 때문입니다. 아무리 학생들의 자기주도성을 강조하고자 하여도 교사가 그러한 경험과 능력을 갖지 못했다면 공염불에 불과합니다.

평범한 리더는 잘 전달합니다. 뛰어난 리더는 고민할

과제를 끊임없이 던집니다. 한 마디로 좋은 강의란 강의 대상을 '스스로 움직이게 하는 것'입니다. 더 쉽게 말하면 어떤 내용을 직접 전달해 주는 것이 아니라 강의 대상 스스로 그 내용을 탐색하고 분석하며 이를 토대로 본인의 지식을 구성해 가게끔 촉진해 주는 것입니다. 강의 대상을 영원히 수동적 강의 대상에 머무르게 할 것이냐, '능동적인 지식 구성의 주체'가 되도록 도와줄 것이냐가 지식정보시대 '좋은 강의'의 기준입니다.

강의를 잘하려면

저는 강의를 많이 다니는 편입니다. 교육연수원이나 교육관련 단체, 또 학교단위 교직원연수에 많이 가고 그 대상은 주로 선생님들이십니다. 아마 이 글을 읽는 선생님들 중에도 강의를 많이 다니는 분들이 꽤 있을 것입니다. 강의를 하다 보면 '오늘은 강의가 술술 잘 풀리는 데?' 이런 느낌이 오는 날도 있고, 제 자 자신이 무슨 이야기를 하고 있는지 조차 모를 정도로 집중이 안 되는 날도 있습니다. 다음은 제가 선생님들을 대상으로 하는 강의 경험으로부터 얻은 좋은 강의를 하기 위한 몇 가지 조건들입니다.

●하나, 강의 일지 작성

강의 자체보다 중요한 것이 준비 과정입니다. 준비 과정에서 중요한 것은 강의를 의뢰한 쪽의 정보입니다. 선생님께서 강의를 자주 하셔야 하는 입장이라면, 그리고 다양한 곳으로부터 강의 의뢰를 받는 입장이라면 다음과 같은 일지를 하나 만드십시오.

일지를 보시고 '아하, 이렇게 하면 되겠구나.' 하는 생각이 드셨지요? 강의 기술도 좋지만 철저한 준비를 능가하는 기술은 있을 수 없습니다. 선생님 책상에 일지를 항상 놓아두고 강의 의뢰를 받을 때 빈칸을 채워가는 식으로 준비를 하는 것입니다. 강의를 하다 보면 매년 같은 기관에서 비슷한 시기에 의뢰가 오는 경우도 있는데 이럴 때 강의일지는 훌륭한 참고가 될 수 있습니다. 일지 아래쪽에 있는 '특별한 요청사항' 은 강의를 의뢰한 쪽에서 어떤 부분을 강조해 달라, 사례 중심(혹은 이론이나 실습 중심)으로 해 달라든지 아니면 수강자들의 성향이나 특징을 질문하고 적어 두면 됩니다. '다녀온 느낌' 란에는 강의 후 소감을 적습니다. '오늘은 유난히 집중이 되지 않아 힘들었다. 심지어 몇 분은 졸기까지….' 이런 식이죠. 그러면 집중이 되지 않았던 상황을 되새겨 보고 다음

일 시	
장 소	
강의 주제	
강의 환경	□ 시청각실 □ 대강당 □ 일반교실 □ 모둠학습실 □ 실습실 □ 대형 영상장치 □ 음향관계(무선, 유선) □ 프리젠터
강의 원고	분량 (쪽) / 마감일 (월 일)
의뢰자 정보	이름: 전화번호: 이메일:
교통편/소요시간	
특별한 요청 사항	
다녀온 느낌	

강의 일지

강의 때 참고할 수 있습니다.

●둘, 준비보다 더 좋은 강의 기술은 없다

강의 의뢰를 받았으면 먼저 강의 교재가 될 문서를 작성해야겠지요. 의뢰처에서 요구한 양식에 따라 시간 당 A4용지 3매 정도의 분량으로 작성합니다. 특별히 요청받은 경우가 아니라면 너무 길게 작성하지 않는 것이 좋습니다. 전체 자료집 분량이 제한되어 있기 때문에 지켜주는 것이 좋습니다. 원고는 마감일 전에 반드시 보내주는 것을 습관화하십시오. 선생님께서 늘 독촉전화를 받는 입장이라면 좋은 강의의 가장 중요한 조건을 하나 잃는 것이 됩니다.

강의 원고를 모두 작성했다면 이에 맞추어 프리젠테이션 자료를 작성합니다. 효과적인 프리젠테이션 작성 방법은 잠시 후에 별도로 설명 드리겠습니다. 마지막으로 강의에 필요한 소도구가 있는지 체크하고 사전에 준비합니다. 복장은 반드시 정장일 필요는 없지만 의뢰처 분위기에 따라 예의에 어긋나지 않도록 합니다. 차량으로 이동할 때에는 혹시 있을지 모를 교통체증 등을 감안하여 넉넉하게 여유를 가지고 출발하는 것이 좋습니다.

●셋, 강의 장소에 도착하면

적어도 15분 이전에는 강의 장소에 도착하도록 하십시오. 특별한 경우가 아니라면 너무 일찍 도착하는 것은 피하는 것이 좋습니다. 교원연수원 같은 경우에는 강사대기실이 있지만 학교로 강의를 갔을 경우 기다리는 시간이 무척 지루할 수도 있습니다. 강의 장소에 따라 연수부서의 간부나 기관장과의 간단한 인사 시간이 주어지기도 합니다. 그러면 차 한 잔 마시면서 환담을 주고받으면 되겠지요. 그러나 이 절차가 강의 시간까지 늘어져서는 안 됩니다. 그럴 때에는 강의실로 안내해달라고 하십시오. 제가 가장 중요하게 생각하는 것이 바로 강의 시작 전에 강의장 환경을 둘러보는 것입니다. 강의장이 어떤 형태로 되어 있는지, 음향 상태, 컴퓨터와 영상장치, 그리고 가져간 프리젠테이션 파일도 열어보는 등, 강의를 위한 준비의 시간을 최소한 5~10분 확보하십시오. 이 시간이 확보되지 않으면 강의 시간 내내 허둥대는 사태가 발생할 수도 있습니다. 본인의 학교에서 교직원연수를 할 때조차 이것은 필수적인 과정입니다.

강의에 참여하는 대상자들은 공통된 속성을 가지고 있으면서도 매우 다양한 동기를 가지고 있습니다. 어쩌면 끝나는 시간만을 손꼽아 기다리며 억지로 앉아 있는 사람이 있을 수도 있습니다. 강의 내용이 좋다고 너무 자신하지 마십시오. 누군가는 감동의 시간이 되겠지만 누군가는 고통의 시간일 수 있다는 점을 인정해야 합니다. 제 경험으로 보아 강의자가 너무 진지하거나 근엄한 것 보다는 어느 정도 경쾌한 톤을 선호하는 것 같습니다.

중간 중간 분위기를 파악하며 강의에 참여시키십시오. 가장 쉽게 참여시키는 방법은 가벼운 질문을 하는 것입니다. 수업방법에 대한 강의일 경우 '선생님 혹시 토론 수업을 해 보셨는지요? 어떠셨어요? 소개 좀 해주시겠어요?' 이런 정도의 질문이 무난하고 학급운영에 대한 강의 중에는 (만약 경력이 있어 보이는 교사라면) '선생님, 아이들이 예전하고 많이 달라졌지요? 최근에 아이들 때문에 힘들었던 적이 있으셨나요?' 이런 식으로 자연스럽게 참여를 유도해 나갑니다. 요즘 강의장에는 참가자용 무선 마이크를 비치하고 있는 곳도 있습니다. 이럴 때 적절하게 사용하시면 됩니다.

● 다섯, 사례는 대상을 고려하여

요즘 경향은 확실히 '사례 들기'를 선호하는 것 같습니다. 사례의 방식은 인터넷 자료를 소개하는 것도 있고 강사 자신의 이야기를 통해서 전달될 수도 있습니다. 또는 직접 관련자를 무대로 이끌어서 듣는 경우도 있습니다. 어떤 경우이든 사례는 현재 이 강의를 듣고 있는 사람들에게 맞는 것으로 해야 합니다. 초등 선생님들을 대상으로 하는 강의에서 '제가 고등학교에 근무하는지라 초등 쪽으로는 아는 바가 없어서 고등학교 경험을 이야기해 드리면…' 이런 식으로 드는 사례는 자칫 강의의 활력을 떨어뜨릴 수 있습니다. 부장교사 대상의 연수, 초임교사 대상의 연수 역시 마찬가지입니다. 공감할 수 있는 사례를 들어줘야 합니다. 강사는 전문가이기 이전에 탁월한 이야기꾼일 필요가 있습니다.

● 여섯, 종료는 확실하게

강의를 끝낼 듯 말 듯 하며 중언부언하는 경우가 있습니다. 또 강의가 끝난 것인지 아닌지 애매하게 처리되는 경우도 있습니다. 종료만큼은 확실하게 하고 박수를 받으십시오. 만약 추가 질문이 있다면 일단 강의는 공식 종료하고 따로 받도록 하는 것이 좋습니다. 아울러 대개 학교에서 교직원 연수 시간을 이용하는 강의는 퇴근 시간 5분 정도 전에 끝내는 것이 좋습니다. 아무리 좋은 내용의 강의라도 말이지요. 할 말을 다하지 못한 것처럼 아쉬운 태도를 보이지 마십시오. 시작보다 중요한 것이 끝입니다.

● 일곱, 집에 도착하면 반드시 전화

원거리로 강의 출장을 갔다면 집에 오자마자 강의 의뢰자에게 전화를 해서 무사히 도착했음을 알립니다. 문자 메시지도 좋습니다. '오늘 여러 가지로 배려해 주신 덕분에 강의 잘 하고 왔습니다. 감사합니다.' 아무것도 아닌 한 줄의 메시지가 강의자에 대한 신뢰를 돈독하게 합니다.

● 여덟, 피드백

한 강의가 끝났습니다. 강의 하나 하나는 강의자의 혼이 살아 숨쉬는 예술 작품입니다. 예술가는 자신의 작품을 소홀하게 취급하지 않습니다. 한 작품에 혼신의 힘을 불어 넣고 한 작품이 끝날 때마다 통렬한 자기반성 속에서 다음 작품을 준비합니다. 좋은 강의를 꿈꾸는 선생님에게도 해당되는 과정입니다. 간혹 강의를 의뢰했던 곳에서 수강생들에 의한 평가지를 보내주는 경우가 있습니다. 이 평가지도 훌륭한 피드백 자료가 됩니다.

효과적인 프리젠테이션

선생님들께서 파워포인트로 알고 있는 프리젠테이션 (presentation)은 제안용으로 먼저 선을 보였습니다. 지금도 상품의 홍보나 사업 제안서 등에서 유용하게 쓰이고 있지요. 90년대 중반쯤부터 프리젠테이션 기법이 교육현장에도 들어오기 시작하였습니다. 초기에는 제안용 프리젠테이션 기법을 그대로 차용했으며 2000년 이후 ICT 활용수업의 대중화와 더불어 교수학습용 프리젠테이션이 선을 보였습니다. 제안용 프리젠테이션의 목적은 청중들로 하여금 공감을 이끌어 내어 계약을 성사시키거나 투자를 유치하게 되는 등 중요한 목적을 가집니다. 최근에는 프리젠테이션 컨설턴트라는 직종까지 생겨났을 정도이니까요.

교사와 관련이 있는 프리젠테이션은 강의용입니다. 먼저 말씀드릴 것은 강의용 프리젠테이션 기법은 위에서 언급한 제안용과는 다르다는 것입니다. 제안용의 경우에는 제한 시간 안에 청중을 사로잡을 수 있는 시각 효과를 많이 동원하고 호소력 있는 문장을 동원하는 것이 특징입니다. 그러나 강의용 프리젠테이션의 경우에는 강의 내용을 보조하는 목적으로 사용됩니다. 강의 프리젠테이션 자료는 대개 파워포인트로 작성합니다. 다른 프로그램도 있지만 호환성이 좋기 때문에 많이 사용합니다. 프리젠테이션 자료가 꼭 원 강의자료를 축약한 것일 필요는 없습니다. 프리젠테이션 자료 작성 기준은 강의 내용과 강의 대상, 장소 등을 고려하여 작성하는 것이 효과적입니다. 그럼 제 경험을 바탕으로 효과적인 강의용, 교수 학습용 프리젠테이션을 만드는 방법을 알아보겠습니다.

●하나, 글꼴은 크게

글꼴은 강의장 크기에 비례하여 크게 작성합니다. 통상 파워포인트 기준 20 포인트 이하가 되면 일반 교실에서도 뒤에 앉은 학생들은 잘 보이지 않습니다. 무조건 맨 뒤에 앉은 사람이 식별 가능한 크기까지 키우십시오. 당연히 초대형 강당이라면 그만큼 글꼴의 크기도 커져야 합니다.

● 둘, 글꼴 모양은 윈도우즈 기본 폰트로

특이한 폰트를 쓰게 되면 강의장 환경에 따라 모두 굴림체와 같은 윈도우즈 기본 폰트로 변환되어 나타나기 때문에 레이아웃이 깨질 수 있습니다. 자기만의 특별한 폰트를 쓰고 싶다면 저장할 때 '트루타입글꼴저장' 옵션을 선택해 주시면 됩니다. 또한 파워포인트가 설치되어 있지 않은 강의장도 가끔 있습니다. '쇼(.pps)' 형태로 저장해 두면 이럴 때 유용하게 사용할 수 있습니다. 부득이하게 특별한 폰트를 쓴 상태에서 수정해야 할 경우가 있습니다. 이럴 때에는 USB 메모리에 폰트를 저장하여 강의장 컴퓨터에 설치하면 됩니다. (제어판〉글꼴〉파일메뉴〉새 글꼴 설치하기)

● 셋, 그림이나 사진, 동영상을 넣어서 비주얼하게

한 장의 사진은 열 줄의 말을 한다고 했습니다. 특히 강의자가 직접 찍은 사진은 설득력이 높습니다. 그림이나 사진을 넣을 때에는 가급적 화면에 꽉 차게 삽입하는 것이 좋습니다. 인터넷에서 가져온 그림이나 사진의 경우 저작권에 유의하세요. 동영상은 파워포인트 상단메뉴의 삽입〉동영상을 선택하여 넣으면 되고 '자동실행' 과 '클릭

하여 실행'은 사용자가 선택할 수 있는 데 가급적 '클릭
하여 실행'으로 합니다. 그러면 화면에는 동영상 첫 화면
만 떠 있는 상태에서 마우스 버튼을 클릭했을 때만 실행
이 됩니다.

●넷, 바탕색이나 디자인 서식

바탕색 혹은 디자인 서식을 어떻게 가져갈 것이냐는 그
날 강의장 분위기나 강의 대상을 고려하여 선택합니다.
아래 두 가지를 보시고 비교해 보십시오. 깔끔하게 할 필
요가 있을 때는 왼쪽 예시처럼 하지만 성의가 없어 보일
수도 있습니다. 또 한 가지. 표지에는 꼭 강의를 하는 기
관명과 연수명, 그리고 강의 날짜를 써 주세요. 그렇게
하면 오로지 그 한 강의만을 위해 준비한 프리젠테이션
이라는 인상을 줍니다.

[그림 3] 깔끔하지만 성의가 부족한 첫 화면과 강의처 및 연수과정명이 기록된 첫 화면

● 다섯, 제시되는 화면이 너무 많지 않게

어디까지나 프리젠테이션은 강의를 보완하는 용도입니다. 필요 이상의 많은 PT를 만들어서 정신없이 넘기고, 일부는 시간에 쫓겨 생략하는 것은 좋지 않습니다. 대략 한 시간에 20장을 넘지 않는 것이 좋겠습니다.

● 여섯, 화면에는 상하좌우 10% 이상의 여백을

화면의 모서리까지 빽빽하게 들어차 있는 콘텐츠는 눈을 피로하게 하고 집중도가 떨어질 수 있습니다. 상하좌우에는 어느 정도 여백을 두고, 필요한 경우에는 과감하게 여백으로 놓아두는 것도 좋습니다. 또 간단한 질문을 던지고 답란을 여백으로 처리하는 것도 좋습니다. 여백은 수강자로 하여금 생각할 여유를 줍니다.

● 일곱, 문장보다 카피를

상식적인 것입니다만 프리젠테이션은 완성된 문장으로 기술하지 않습니다. 축약의 묘미를 충분히 살려서 적절한 카피를 사용하고 그림이나 도표를 적절하게 삽입해 줍니다. 어느 경우든 완성된 문장으로 설명하려 드는 것은 실패하는 프리젠테이션의 지름길입니다.

● 여덟, 애니메이션과 음향은 꼭 필요한 곳에서

적절한 애니메이션은 설명을 돋보이게 하거나 강의의 분위기를 살려주지만 반복되는 애니메이션이나 무절제한 애니메이션에는 거부 반응이 있습니다. 주제와 관련되는 범위 안에서 최소한으로 쓰기를 권합니다.

● 아홉, 강의자는 화면의 오른쪽에

강의자가 화면의 어느 쪽에 설 것인가는 전적으로 강의장 환경에 따라 다르지만 제 경우에는 청중들이 보기에 오른쪽에 섭니다. 오른 손으로 레이저 포인터를 사용할 수도 있고, 화면 안내하기가 좀더 수월하기 때문입니다.

● 열, 프리젠터의 사용

최근에는 프리젠터(사진)을 사용하는 경우도 많아졌습니다. 프리젠터는 수신부와 리모콘으로 구분되는 데 수신부를 강의용 컴퓨터 USB 단자에 삽입한 후 리모콘을 들고 슬라이드를 넘기면서 강의할 수 있습니다. 이 경우 컴

[그림 4] 프리젠터

퓨터 앞에서 마우스를 조작하지 않아도 되기 때문에 좀
더 자유롭게 행동하면서 강의를 진행할 수 있습니다.

16

설득의 힘

설득은 공감을 이끌어 내는 과정

상대편이 이쪽 편의 이야기를 따르도록 여러 가지로 깨우쳐 말하는 것을 설득이라고 하지요? 우리 주변에도 설득을 잘하는 사람과 그렇지 못한 사람이 있습니다. 오랜 시간 대화 끝에 설득이 되는 경우도 있고 짧지만 강력한 영향력으로 설득에 성공하는 예도 있습니다. 회의와 같이 공식적으로 마련된 자리에서도 설득은 이루어지고 사적인 인간관계에서도 설득이 이루어집니다. 리더가 자신이 가지고 있는 생각이 옳다고 확신하면 그만큼 설득의 필요성은 높아질 것입니다. 아울러 리더만 설득을 하는 것이 아니고 구성원 간에도 설득의 절차가 있을 수 있고 때로는 구성원이 리더를 설득하는 경우도 있습니다. 이렇듯 설득은 다양한 장면에서 여러 가지 모습으로 이루어집니다.

어떤 이는 사람이 설득을 당하는 과정에는 과학적이고 심리적인 법칙이 있기 때문에 설득을 하는 사람이 이런 과학적, 심리적 법칙을 잘 활용하면 많은 일들이 해결될 수 있다고 주장합니다. 예를 들면 상대를 자기편으로 만들고, 상대에게 당장 필요하지 않은 물건도 설득을 잘 하면 팔 수 있으며 이웃돕기 같은 행위도 설득을 통해서 가능하다고 합니다. 하지만 저는 이런 주장에 동의할 수 없습니다.

설득은 인간과 인간 사이에 일어나는 고도의 상호작용입니다. 설득은 당하는 것이 아니라 '공감' 하는 것입니다. 설득은 '꼬임' 과도 다르고 '지시' 와는 더욱 거리가 있습니다. 말로는 부탁이고 설득이지만 양자간의 관계가 상명하복의 관계라든지 어느 한 쪽이 월등하게 힘의 우위관계에 있다면 이때의 설득이란 강압적 요소를 가질 수밖에 없습니다. 제가 이야기하는 설득은 도덕적 정당성과 논리적 타당성을 가져야 하는 것입니다. 말로 설득할 때에는 말이 도덕적 정당성과 논리적 타당성을 가져야 하고 행위로 설득할 때에는 행위 자체가 진정성에 입각해야 합니다. 화려한 말기술이나 현란한 몸짓으로 이루어진 설득은 생명력을 갖지 못합니다.

종이봉투, 비닐봉투 이야기

몇 해 전에 제가 수행했던 연구과제가 있었습니다. '온라인 프로젝트 학습자료 개발 연구' 라는 주제였습니다. 해외의 여러 사례들을 분석하고 이를 한국의 상황에 적용하기 위해 열심히 해외의 프로젝트 학습 사이트를 검색하던 중 눈에 들어오는 것이 하나 있었습니다. 바로 Paper or Plastic[10]이라는 주제의 환경 프로젝트였습니다.

'Paper or Plastic?' 은 우리가 식료품점에 가서 물건을 살 때마다 주인이 물어보는 말입니다. '종이봉투에 넣어 드릴까요?아니면 비닐봉투에 넣어 드릴까요?' 라는 말이지요. 이때 물건을 사는 사람은 어떤 것을 선택하게 될까요?아마도 우리나라 상황에서는 거의 당연하게 '종이봉투' 를 요구할 것입니다. 왜냐하면 우리 머리 속에는 종이봉투가 친환경적이라는 이미지가 굳어있기 때문이죠.

---

10. http://oncampus.richmond.edu/academics/education/projects/webquests/paper/

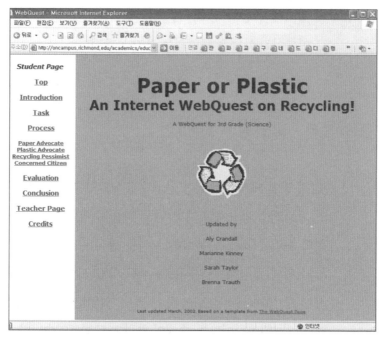

[그림 5] Paper or Plastic 프로젝트 학습 초기화면

그동안 우리는 '비닐봉투를 땅속에 묻으면 몇 백 년이 흘
러야 분해가 된다.' 는 식의 환경교육을 받아 왔습니다.

  그런데 이 프로젝트를 검토하면서 저는 몇 가지 놀라
운 사실을 발견하였습니다. 이 프로젝트를 수행하는 학
생들에게 주고 싶은 메시지는 종이봉투냐 비닐봉투냐의
선택을 통하여 친환경적이지 못한 비닐봉투의 사용을 억
제하고 환경 친화적인 종이봉투의 사용을 장려하는 것이
전혀 아니었다는 점입니다. 우선 이 프로젝트 학습의 개

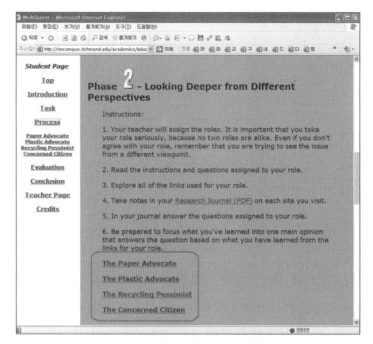

[그림 6] 정해진 입장에서 상대를 설득하기

요를 보겠습니다.

　'종이봉투에 넣어 드릴까요? 비닐봉투에 넣어 드릴까요?' 우리가 식료품점에 갈 때마다 물건을 사고 나서 받는 질문입니다. 사람들은 각기 다른 이유로 한 가지를 선택할 것입니다. 어떤 사람은 집에 가서 재활용을 할 수 있는지의 여부에 초점을 두고 선택을 할 것이고, 어떤 사람은 나무나 숲이 훼손되지 않는 것을 염두에 두고 선택을 하겠지요. 또 어떤 사람은 거의 신경을 쓰지 않고 선택할지도 모릅니다. 여러분은 어떤 점들을 고려하면서 선택을 하겠습니까? (Paper or Plastic 프로젝트 학습의 개요 부분 번역)

위의 개요를 보면 어떤 입장을 설명하거나 계도, 전달하는 것이 아니라 다양한 입장이 있을 수 있다는 점을 먼저 제시하고 있습니다.

그 다음에 과제 수행 절차에 들어가서 모둠을 나누는데 (이 과정은 우리가 경험했던 모둠학습과 비슷합니다.) 모둠을 나누는 방식이 다시 제 눈길을 끌었습니다. 아마도 우리 같으면 과제를 효과적으로 수행하는 것을 염두에 두고 모둠 편성을 했을 텐데(예를 들면 검색하는 사람, 정리하는 사람, 발표할 사람…), 이곳에서는 독특하게도 The Paper Advocate(종이봉투 옹호자), The Plastic Advocate(비닐봉투 옹호자), The Recycling Pessimist(재활용 비관론자), The Concerned Citizen(관심 있는 시민) 등으로 역할을 나누고 있었습니다(그림 참조). 그리고 토론을 진행한 다음 다시 역할을 바꾸어 토론하기를 반복하고 있습니다. 즉, 여기서는 하나의 관점을 가진 상태에서 상대방을 어떻게 설득(persuasion)할 것인가를 중요하게 생각하고 있습니다. 예를 들어 비닐봉투 옹호자는 '비닐봉투를 사용하게 되면 종이봉투보다는 몇 차례 더 재활용할 수 있는 가능성이 있으며, 종이봉투를 사용하여 나무를 베어내거나 숲을 훼손하게 하지 않는다.' 라고 상대방을 설득할 수 있겠지요.

저는 이 프로젝트 학습 자료를 검토하면서 이렇게 상대방을 설득하는 방법을 공부한 학생들은 이 다음에 성인이 되었을 때 일방적으로 자기주장만을 하는 것이 아니라 타인의 입장에서도 생각할 수 있겠다는 생각이 들었습니다.

설득의 힘 : 상대의 입장을 이해하기

'논리' 는 효과적인 설득을 위하여 갖추어야 할 중요한 요소 중의 하나입니다. 앞뒤 맥락을 조리 있게 연결하고 말솜씨가 빼어난 사람들은 주로 논리적으로 설득하려 합니다. 대개 이런 분들은 늘 무엇인가를 규명하려 애쓰고, 증거 내지는 타당한 근거를 동원하여 상대를 설득합니다. 그런데, 진정으로 설득이 되었다는 것은 반드시 '상대의 논리에 승복' 되었음을 뜻하는 것은 아닙니다. 세상에는 이성으로는 납득하지만 감정적으로는 받아들이지 못하는 경우가 얼마나 많습니까? 특히, 주변으로부터 '논리적이다' 라는 이야기를 들어보신 선생님들께서는 한번쯤 다시 생각해 보셔야 합니다. 사람들 간의 관계는 논리로만 풀 수 없는 것이 더 많습니다.

설득력은 화려한 말솜씨나 상대를 압도하는 카리스마에서 비롯되는 것이 아닌, '상대에 대한 이해'에서 시작됩니다. 내 관점에서 생각하는 상대방의 입장이 아닌 '실제' 상대방의 입장에 서서 나의 관점에 대한 설득을 진행하는 경험이 중요한 것이지요. 그저 상대의 처지에 서 보는 것입니다. 상대의 입장에 서 보는 것만으로도 설득의 방법과 절차는 사뭇 달라질 수 있습니다. 설득은 일방의 입장에 상대방을 동화시키는 것이 아닌 함께 공감하여 더 좋은 결과를 얻어내는 의사소통의 한 방법입니다.

잘못된 설득 바로잡기

흔히 상대를 나의 의견에 동조하게 하면 성공적인 설득이라고 생각하는 경우가 있습니다. 그래서 상대를 동조시키기 위한 다양한 방법들이 동원됩니다. 주변에서 흔히 볼 수 있는 잘못된 설득의 예를 알아보겠습니다.

● 비교 설득

옆 반, 옆 자리, 옆 집 사람과 비교하여 설득하는 경우입니다. '우리 반은 조건이 더 좋은 데 왜 옆 반보다 성적이 나쁘지?', '옆집의 ○○는 이번 중간고사에서 3등 했다고 하더라. ○○엄마가 얼마나 부럽던지…' 설득의 대상과 타인을 비교하여 자극을 주려는 시도입니다만 비교하는 설득은 구성원의 기분을 상하게 합니다. 특히 비교 설득은 아이들이 가장 싫어하는 대화법 중의 하나입니다. '연우야, 너도 마음먹은 대로 성적이 나오지 않으니 기분이 많이 상했구나. 다음 시험에서는 좀더 열심히 해 보자.' 이 정도면 충분합니다.

● 보상 설득

과제가 처리되었을 경우 보상을 암시하는 설득입니다. '김 선생, 보고서 작성하느라 힘들지요? 김 선생도 능력으로 보나 경력으로 보나 내년에는 부장을 해야지요?' 어려운 업무를 지속시키기 위해 내년에는 부장교사를 맡길 수도 있다는 점을 암시함으로써 불만을 누그러뜨리는 방식의 설득입니다. 일부 교장 선생님들이 회식 자리에서 술 한 잔 따라줄 때 흔히 하는 격려 및 설득 방식의 하나입니다.

보상을 암시하는 방식의 설득이 계속되면 '보상 거리' 가 떨어졌을 때 힘을 발휘하지 못합니다. 아이들에게도 마찬가지입니다. '영희야, 이번 시험만 잘 보면 핸드폰 최신형으로 바꾸어 줄게.' 최신형 핸드폰이 영희에게 분발의 자극제가 될 수도 있겠지만 앞으로도 시험은 수십 번이 남아 있는데 보상거리를 점점 늘려가야 한다는 점, 아이가 보상을 당연한 것으로 여긴다는 점에서 위험한 방식입니다. '영희야, 이번 시험에서 네가 정한 목표를 달성할 수 있었으면 좋겠어.'와 같이 아이를 핸드폰과 싸우게 하지 말고 자신의 목표와 겨루게 해야 합니다.

● 강압 설득

'이번 시험에서 평균 70점을 넘지 못하는 사람은 산다는 것이 얼마나 고통스러운 것인지 내가 직접 보여주겠어. 알아서들 해!' 어느 반 담임 선생님께서 시험을 앞두고 있는 아이들에게 하신 말씀입니다. 참으로 무시무시한 설득의 방식이죠? 강압 설득은 구성원을 공포에 떨게 만듭니다. 공포를 면하기 위하여 과제에 집중하는 것은 정신 건강에도 좋지 못하고 바람직한 인성을 형성하는데도 악영향을 미칩니다.

'결과도 중요하지만 과정이 더 중요하답니다. 본인이 최선을 다했다고 생각할 때까지 공부하세요. 선생님은 그런 여러분의 모습에서 희망을 느낀답니다.' 공부하는 것이 중요하다는 것을 모르는 학생들은 없습니다. 선생님의 임무는 오히려 너무 결과에 집착하는 아이들에게 노력하는 과정의 소중함을 일깨워주는 것이지요.

●심리 설득

심리를 이용하는 설득에는 '이렇게 하면 구성원은 이렇게 변화한다.' 는 심리적 기제를 이용하여 설득하는 것입니다. 예를 들면 먼저 구성원에게 도움을 주고 빚진 마음의 상태로 만든 후에 설득을 한다든지, 특별히 당신에게만 제공되는 절차라는 것을 강조함으로써 선택을 하게 한다든지, 다른 사람들은 이미 이 방법을 다 사용하고 있다는 것을 통계 수치로 보여주어서 시대에 뒤떨어지고 있다는 심리 상태를 만든 후 선택을 하게 하는 것입니다. 이러한 방법은 구성원의 자발적인 선택을 존중하는 듯하면서도 교묘하게 심리적 기제를 이용하는 것입니다.

좋은 설득은 설득자나 피설득자나 후회를 최소화하는 것입니다. 나중에 정신 차리고 보니 뭔가 속아버린 느낌이 드는 설득은 리더에 대한 신뢰를 떨어뜨립니다.

17 통하는 학교

'통(通, communication)' 한다는 말은 서로의 의사가 막힘 없이 잘 전달되어 오해가 없다는 뜻입니다. 의사전달은 말로 할 수도 있고 글로도 할 수 있으며, 몸짓을 비롯한 비언어적 수단을 동원하기도 합니다. 요즘은 너도 나도 '소통' 이라는 말을 즐겨 씁니다. 정치인도 국민과 소통 하겠다고 하고, 언론도 소통하겠다고 합니다. 조직의 의사를 물 흐르듯이 잘 전달되게 하는 데 있어 소통만큼 중요한 것이 없다는 것까지는 모두가 잘 인식하고 있는 듯합니다.

이렇듯 소통은 조직이 건강하게 운영되는 가장 중요한 요소입니다.

통하지 않는 학교의 특징

통하지 않는 학교는 몇 가지 특징을 가지고 있습니다. 첫째는 공식적인 정보 유통의 양이 적다는 것입니다. 정보가 제대로 유통되지 않으면 구성원간의 의미 있는 대화가 줄어들게 되겠지요. 둘째로 구성원의 뜻과 다른 의사결정이 자주 일어납니다. 의사결정을 하는 쪽은 충분히 의견을 수렴했다고 생각하고 의사결정을 실천으로 이행해야 하는 쪽은 본인들의 의견이 반영되지 않았다고 생각합니다. 따라서 마지못해 의사결정을 이행하는 분위기가 만들어집니다. 셋째로는 책임을 회피하거나 떠넘기는 사례가 자주 발생할 수 있습니다. 업무 역시 어떤 내용인가가 중요한 것이 아니라 어느 부서에서 처리해야 하는 것인가가 더 큰 관심사가 됩니다. 넷째는 구성원들의 자발성이 현저하게 감소합니다. 공문으로만 움직이려 합니다. 다섯째 교직원회의 등 공식 조직이 힘을 발휘하기 힘들어집니다. 결국 이런 현상에 빠진 학교는 구성원들이 행복감과 즐거움을 느낄 수 없습니다. 위에서 본 몇 가지 특징은 우리 주변에서 쉽게 발견되는 경우들입니다.

우리가 근무하는 학교가 이렇게 통하지 않는 곳이 되어 버린 데에는 일차적으로 학교구조의 문제가 크다고 생각합니다. 현행 교육체제가 학교장에게 과도한 책임과 권한을 부여하다 보니 힘의 집중 현상이 일어납니다. 그렇게 되면 각 부장교사들과 평교사들은 무엇을 책임 있게 판단, 결정하기 보다는 학교장의 의중이 무엇인가에 더욱 신경을 쓰게 되지요. 그 결과 교사 상호간에 주고받는 의사소통의 내용이나 각 단위 협의회의 결정보다는 윗선의 지시를 더욱 중요하게 생각하게 됩니다.

지나친 '공문 의존주의'는 학교의 관료화와 형식화를 부릅니다. 공문대로 이행되지 않는 경우 책임을 물을 수 있다는 것 때문에 공문은 관료제를 유지하는 대표적인 도구로 기능하고 있습니다. 또한 공문으로만 잘 보고되면 내실이 없어도 된다고 생각한다면 그것은 형식화의 대표적인 모습입니다. 통하는 학교가 되기 위해서는 공문 이상의 사고가 필요합니다.

통하는 학교 만들기

● 하나, 학교장의 열린 사고

교사끼리 통하기 위해서는 통하기 위한 구조가 선행되어야 합니다. 이것은 교사들만의 노력으로는 통하는 학교를 만들어내기 어렵다는 것을 뜻합니다. 그래서 학교가 구성원의 의사를 막힘없이 잘 반영하기 위해서는 관련 법령의 제개정 등 제도의 개선이 뒤따라야 합니다. 그렇다고 모든 것을 구조의 문제로 환원하고 손을 놓고 있을 수는 없는 노릇이지요.

학교장의 '통하는 마인드'는 일거에 많은 것을 해결해 주는 열쇠가 됩니다. 얼마 전에 제가 강의를 다녀왔던 한 초등학교의 교장 선생님은 이런 측면에서 시사하는 바가 많은 분입니다. 우선 한 눈에 열린 사고를 가진 분이라는 것을 알 수 있었지요. 그 어떤 교육방식, 수업방법도 자신의 틀에 따라 재단하거나 판단하지 않고 수용하려는 자세는 저로서도 배워야 할 부분이라고 생각되었습니다. 아울러 이런 교장 선생님이 운영하는 학교는 늘 교사들이 자신의 의견을 당당하게 제시하고 토론하며 공감대를 형성해 갈 수 있을 것이라는 생각이 들었습니다. 교장 선생님의 '열린 사고'는 통하는 학교를 만들기 위해서 가장 중요한 요소입니다.

● 둘, 학교운영위원회 바로 세우기

지금 학교에는 학교운영위원회라는 심의기구가 있습니다. 저는 첫 해부터 학교운영위원으로 참여해서 대략 4기에 걸쳐 8년 정도 운영위원을 하였습니다. 운영위원을 하면서 매번 놀라는 것은 운영위의 결정사항이 교사들에게 지대한 영향을 미치는 경우에도 운영위라는 제도에 대하여 관심을 가지고 있지 않다는 것이었습니다. 그러다 보니 운영위가 형식화되는 경우가 많았습니다. 때로 형식은 내용을 담보합니다.

운영위를 통하여 심의되는 많은 안건들이 있습니다. 선생님이 근무하는 학교가 어떤 교육과정을 선택할 것인지, 선생님이 몸담고 있는 교과에서 어느 정도의 액수로 교재교구를 구입할 수 있는지, 앨범과 급식은 어떤 방식, 어떤 업체를 선택할지, 수학여행은 어떤 방식으로 어떤 여행사와 계약을 할지, 방과후학교에서는 어떤 반을 개설하고 학생 모집은 어떻게 할지, 선생님들에게 지급되는 협의회비는 몇 회에 액수는 얼마를 할지….이 모든 내용들이 운영위 심의를 거쳐야만 결정되고 시행될 수 있습니다.

선생님께서는 최소한 우리학교의 교사 운영위원이 누구누구인지(학교장은 당연직 운영위원입니다) 알고 계신가요? 선생님이 느끼고 있는 개선사항을 운영위원에게 요구하여 보십시오. 작지만 교사들의 근무에 영향을 미치는 사안들에 대하여도 의견을 모아 운영위원에게 심의에 포함할 것을 요구한 후 결과까지 지켜보십시오. 사소하지만 공식기구를 활용하려는 노력이 통하는 학교를 만들 수 있습니다.

●셋, 교과협의회 정상화시키기

꼭 활성화되어야 할 조직 중에 '교과협의회'가 있습니다. 교과협의회는 대개의 학교에서 비슷하게 구성되고 운영됩니다. 먼저 학기가 시작되기 전에는 동교과 교사들 중에서 대표를 뽑고, 학년 및 수업시간 배당을 하며 연구수업을 담당할 교사를 정합니다. 그리고 학기가 시작되면 수시로 수업정보를 교류하는 한편 정기고사 전에는 시험범위와 출제난이도를 정하고 시험 후에는 문항분석 및 평가 등의 회의를 하게 됩니다. 따라서 교과협의회는 교사의 존재 근거인 수업과 가장 밀접한 관련을 가지는 조직입니다.

교과협의회가 정상화되기 위해서는 모든 구성원이 열린 마음으로 '수업 이야기'를 할 수 있는 분위기가 조성되어야 합니다. 수업에 대한 이야기를 자유롭게 할 수 없는 분위기라면 이미 교과협의회는 형식으로만 기능하는 것이지요. 또 교과협의회만큼은 다른 단위에 우선하여 충분한 예산이 지급되어야 합니다. 어느 학교는 1회의 회의비로 교사 일인당 1만 5천원이 지급되는 곳이 있는가 하면 어느 학교는 2만원을 지급합니다. 그런가하면 시도에 따라서 아예 지급이 되지 않는 학교도 있었습니다. 제 생각에 학기당 두 번, 그리고 연구수업이나 경시대회가 있을 때 평가회 형식으로 한 번씩 적어도 일년에 5~6회의 공식적인 교과협의회가 있어야 한다고 생각하며 협의회 때마다 교사 일인당 2만원 정도의 예산이 지원되는 것이 수업을 실질적으로 개선하기 위한 최소한의 조건이라 생각합니다.

● 넷, 교직원회의를 실질적인 의사결정 단위로

학교에 따라 교직원회의에서 결정된 사항에 공식적 권한이 부여되는 곳도 있고 학교장의 의사결정을 위한 단순 참고사항으로 기능하는 곳도 있습니다. 제가 말씀드리는 교직원회의는 일주일에 한 번씩 하는 단순 전달사항이 이루어지는 '직원조회' 스타일을 말하는 것이 아닙니다. 말 그대로 교직원 전체의 총의가 모아지는 의사결정 단위로서의 회의체를 말합니다.

교직원회의에서 논의된 사항이 공식적 힘을 갖는다면 교사들은 매우 진지하게 교직원회의에 참여하여 의견도 밝히고 찬반을 표시할 것입니다. 그러나 아무리 교직원회의에서 다수의 의견으로 확인이 되어도 학교장의 의견에 따라 학교 정책이 결정되면 교사들은 교직원회의라는 기구를 신뢰하지 않겠지요. 교직원회의가 실질적 의사결정 단위로 기능하기 위해서는 먼저 학교장의 경영 마인드 혁신이 선행되어야 합니다.

아울러 선생님 입장에서도 때로 까탈스러운 절차라 할지라도 회의 절차에 따라 의견을 피력하는 성숙된 자세가 필요합니다. 종종 '어떤 회의든 회의라면 지긋지긋해.' 라는 선생님도 있습니다. 그동안 학교생활을 하면서 각종 회의가 자신을 이롭게 하지 못했다는 불신이 깔려 있는 표현입니다. 그러나 공식적 제도와 절차는 선생님의 학교생활을 규정하는 매우 중요한 사항들을 결정합니다. 관심을 가지고 적극 참여해야 할 이유입니다.

● 다섯, 교직원연수는 교사들의 필요에 따라

제가 여러 학교에 강의를 다녀보니, 대체로 초등학교 쪽에서는 연수시간이 정례화되어 있었습니다. 중학교의 경우 정례화되어 있었지만 그 횟수가 조금 줄어드는 느낌이었고 고등학교는 명목상으로는 교직원연수 시간이 확보되어 있었지만 한 학기에 두어 번 하는 학교에서부터 일년에 한 번 하는 학교에 이르기까지 다양했습니다.

교직원연수는 일년에 몇 번 하라고 제도적으로 강제된 것은 아닙니다. 내용 역시 철저하게 학교 자율에 맡겨

져 있습니다. 또 지역마다 교원단체와의 교섭에 따라 횟수나 내용을 정하기도 합니다. 한마디로 교직원연수는 학교 구성원들의 이해와 요구에 따라 완전한 자율로 재구조화할 수 있습니다. 횟수와 내용은 물론 초빙하는 강사와 시기까지도 자유롭게 정할 수 있습니다. 대개는 연구부에서 주관을 하게 되므로 학교교육계획을 평가할 때 교직원연수를 전반적으로 평가하고 새로운 학사일정에서는 개선 사항을 반영할 수 있습니다.

제 생각에 교직원연수는 정말로 그 학교 선생님들이 원하는 내용으로, 또 시기도 조절하여 진행하는 것이 좋다고 봅니다. 자료로만 전달해도 좋을 내용을 끝까지 읽는다든지, (메신저 전달로도 충분하여) 굳이 집합연수로 하지 않아도 될 내용을 모이게 해서 전달한다든지 하는 식의 교직원연수는 마땅히 개선되어야 합니다.

● 여섯, 교사 동호인회의 활성화

저는 제가 근무하는 학교에서 '등산반'에 들어 있습니다. 올해에만 열 번 산행을 하였습니다. 매번 등산반에 들기를 잘했다는 생각으로 격주마다 한 번씩 신선한 공기를 마시며 체력단련을 하니 참으로 좋습니다. 등산반 리더 선생님께서는 늘 새로운 코스에 대한 사전답사를 하시고 참고자료를 만들어 등산반 회원들에게 나누어 주십니다. 산행 후에는 인근에서 가장 싸고 맛있는 먹을거리가 있는 곳을 미리 알아두었다가 회원들을 안내합니다. 선생님께서는 동호회원들이 필요로 하는 것, 아쉬워하는 것을 늘 먼저 생각하고 채워주시는 분입니다. 무엇인가를 지도하거나 전달하기 위해 애쓰지 않습니다. 그저 반 걸음쯤 앞에서 묵묵히 실천합니다. 자연스럽게 등산반 활동을 하는 교사들은 스스로 자기 역할 한 가지씩을 맡아 서로 힘을 보탭니다. 저 역시 올해에는 꼭 개근을 하겠다고 공언을 하는 입장이 되었습니다. 리더십은 리더와 구성원의 공동 실천에 의하여 형성되는 것이라는 것을 생각하게 합니다.

교사 동호인회가 활성화되기 위해서는 몇 가지 조건이 있습니다. 먼저 충분한 시간이 확보되어야 합니다. 이 시간에 대하여는 학생들도 학부모들도 충분히 이해를 해야 합니다. 교사 동호인회는 교사가 더 좋은 수업을 제공하기 위해 심신을 단련하는 재충전의 기회입니다. 또 학교생활로 인해 쌓인 스트레스를 푸는 기회입니다. 결과적으로 교사 동호인회가 활성화될수록 학교문화는 긍정적으로 바뀌고 교사들은 열정을 가지고 수업에 임하게 될 것입니다.

최근 학생회는 오히려 과거보다도 퇴행적인 모습을 보이고 있는 것이 사실입니다. 대학입시에 대한 중압감은 공부 외의 활동을 가로막고 있으며 어쩌다 열리는 학생회는 학생들의 자주적 의사소통의 장으로 기능하지 못하고 형식화되고 있습니다.

학생회가 형식화되는 이유는 공부에 집중할 수밖에 없는 구조적인 문제도 있지만 운영의 문제가 큽니다. 학생회에 올라가는 안건들이 학생들의 관심사와 멀기 때문입니다. 아울러 학생회에서 결정되는 것이 공식적인 힘을 갖지 못하기 때문입니다. 두 가지 문제가 해결되면 학생회는 다시 활성화될 수 있는 가능성을 가지고 있습니다. 기능이 회복되도록 교사들이 도움을 줄 필요가 있습니다. 자신들의 의견이 반영되지 않는다는 느낌을 지속적으로 갖게 되면 학생들은 좌절할 수밖에 없습니다.

학생회의 기능을 정상화시켜주는 것과 함께 학생들이 의견을 표출할 수 있는 다양한 통로를 마련해 주어야 합니다. 가령 학교 홈페이지는 학생들이 편안하게 소통할 수 있는 장이 되도록 운영되어야 합니다. 학교 홈페이지의 자유게시판이나 토론마당이 학생들의 의견으로 넘쳐나는 것은 학생들의 자주성이 살아있다는 증거입니다.

어떤 학교는 학부모들의 교육열이 매우 높습니다. 교육열이 높은 지역의 학부모들은 서로 네트워크를 형성하여 자녀들의 교육과 관련한 정보를 교환하기도 합니다. 대개 이런 지역에 있는 학교들에서는 학부모들이 어떤 형태로든 학교 운영에 개입하려 합니다. 그런가 하면 어떤 학교들은 학부모도 학생들도 학교에 대한 관심이 너무 없어서 문제인 곳도 있습니다. 아이가 가정에서 전혀 관리되지 않아 담임교사가 부모님이 해야 할 몫까지 감당하는 경우도 많습니다. 교사와 학생, 그리고 학부모는 교육의 가장 중요한 주체입니다.

요즘은 학교 차원에서 전체 학부모를 대상으로 하는 문자 알림 서비스를 사용하는 곳이 많습니다. 대개는 '금일 자녀의 성적표가 배부되었습니다.' 이런 식의 메시지가 주를 이루지만요. 학급 담임의 입장에서 학부모의 휴대폰 번호와 메일주소는 아주 좋은 소통의 수단이 될 수 있습니다. 특히 부모가 모두 직업을 가지고 있는 학생의 경우에는 더욱 그러합니다. '철수가 오늘 학교에서 발표를 아주 잘했어요. 격려해 주세요.' 와 같은 짧은 문자 메시지로도 교사와 학교에 대한 신뢰를 한층 높일 수 있습니다. 이메일을 보내는 것은 더욱 성의가 있어 보

입니다. 담임교사의 짧은 문자 메시지, 정성 담긴 이메일
한 통에 대하여 감동하는 학부모가 많아지면 많아질수
록 통하는 학교는 그만큼 앞당겨집니다.

18 통하는 교실

요즘 교실 들여다보기

서로의 의사가 막힘없이 잘 전달되어 오해가 없음을 나
타내는 말이 '통(通, communication)' 이라 하였습니다.
동료교사들과 잘 통하는 것도 중요하지만 그 보다 더 중
요한 것이 교실에서 이루어지는 아이들과의 소통입니
다. 교실은 교사와 아이들이 하루 시간의 대부분을 보내
는 생활공간입니다. 이곳에서는 하루 종일 학생들끼리,
혹은 교사와 학생들 사이에 크고 작은 일들이 일어납니
다. 신나고 행복한 일도 일어나고 서로의 낯을 붉히는
불미스러운 일도 발생합니다. 개성이 다양한 학생들이

모여서 온 종일 이런 저런 말을 쏟아내고 에너지를 발산하는, 시끌벅적한 소통의 공간이 바로 교실입니다.

요즘 아이들과 소통하기가 예전 같지 않다는 것을 많은 선생님들이 느끼실 것입니다. 아이들의 자기주장이 상당히 강해지고, 명백한 잘못조차도 인정하려 하지 않으며 심지어 어떤 아이들은 선생님에게 대들거나 막말을 하는 경우까지 발생하고 있습니다. 흔히 하는 말로 '개념이 없는' 학생들이 늘어나고 있는 것이지요. 교사 입장에서 대처하기도 여간 까다롭지 않습니다. 왜냐하면 교사가 생각하는 잘잘못에 대한 기준은 아이들에게는 그다지 중요한 것이 아닐 수 있기 때문입니다. 아이들은 아주 어려서부터 경쟁 논리를 주입받으며 성장했기 때문에 어쨌든 경쟁에서 이기는 것이 남을 배려하는 것보다 훨씬 중요한 가치라고 생각하는 경향이 있습니다.

확실히, 예전에 비하여 요즘 아이들은 많이 다릅니다. 한 자녀 가정에서 좀더 귀하게 자랐다는 것이 이유가 될 수도 있을 것이고, 뭔가 양보를 하게 되면 손해라는 인식도 아이들 마음속에 자리하고 있는 것 같습니다. 또 물질이 정신을 압도하는 사회 분위기 역시 아이들에게 많은 영향을 미치고 있는 듯 합니다. 아무래도 가장 중요한 요인은 너무 일찍 아이들을 경쟁 논리 속에 편입시키는 이 사회의 구조가 아닌가 생각합니다.

272

가치를 상실해 가는 아이들에 비례하여 선생님의 지위도 눈에 띄게 하락하고 있습니다. 선생님도 교실이라는 공동체의 한 구성원이라는 점은 틀림이 없으나, 선생님은 아이들을 교육하는 입장이기 때문에 전폭적인 존경 정도는 아니더라도 아이들이 인정하는 '민주적 권위' 같은 것이 있어야 합니다. 그런데 선생님들은 아이들에게 있어 존경의 대상이라기보다 그냥 자신을 감시하고 통제하는 존재쯤으로 여기는 경우가 많지요. 그런 까닭에 선생님과 아이들 사이에서도 많은 소통의 장애가 발생하곤 합니다.

선생님께서 중요하게 생각하시는 '공공의 이익' 이나 '이웃과 함께 더불어 살기' 같은 덕목들은 아이들에게는 너무도 멀리 있는 추상적 가치들입니다. 아이들은 지금 당장 '나에게 이득이 되는가, 그렇지 않은가' 를 중심으로 행동을 결정하려 하지요. 이런 까닭에 아이들과 어떻게 통할 것인가를 주제로 말씀을 나누고 있으면서도 선생님의 경우를 생각하면 저도 가슴이 답답해 옵니다. 특히, 소통 자체가 잘 되지 않는 아이들과 관계를 맺기 위해 노력하는 일이란 교사에게는 엄청난 에너지를 필요로 하는 일입니다.

그래서 저는 선생님들과 대화를 나눌 때 가끔은 '선생님 자신을 위해서 이렇게 저렇게 하시라' 고 조언하곤 합니다. 어떤 경우라도 선생님께서 평상심을 잃지 않는 것이 선생님을 위해서나 아이들을 위해서 도움이 되는 길입니다. 교실이라는 가장 중요한 공간에서 선생님이 '아이들과 잘 소통되지 않는다'는 느낌만으로도 참으로 불행한 일입니다. 통하지 않는 교실은 교사에게나 학생에게나 괴로움의 장소일 뿐이지요.

통하지 않는 교실의 특징

통하지 않는 교실은 그 원인이 다양하고도 복잡합니다. 획일적이고 관료적인 학교구조, 교사를 둘러싼 제도와 관행, 비정상적 사교육 열풍, 공교육에 대한 불신 등 외부적인 요인도 있고 교사의 잘못된 교육관, 학생관으로부터 비롯되는 경우도 있습니다. 물론 앞서 말씀드린 바와 같이 학생들에게 원인이 있는 경우도 많지요. 제도와 관행의 문제는 단기적으로 해결되기 참 힘이 듭니다. 학교구조 역시 마찬가지이고 사교육 팽창이나 공교육에 대한 불신도 교사 한 사람의 노력을 해결하기는 어렵습니다.

인내를 가지고 외부적 요인들을 개선하려는 노력과 함께 지금 교실에서 만나는 아이들과의 소통의 문제를 해결하려는 노력이 무엇보다 시급합니다. 여기서는 주로

교사 요인에 초점을 맞추어 통하지 않는 교실의 특징을
알아보겠습니다.

●하나, 철학과 신념이 부족한 교사

철학과 신념은 '내가 교사로서 이 아이들을 어떤 아이들
로 키우고자 하는지'에 대한 교사로서의 교육관, 학생관
입니다. 앞 장에서 지적하였듯이 아무리 풍부한 지식을
가지고 있어도 올바른 철학에 기초해 있지 않다면 그 지
식은 없느니 만큼 못합니다. 마음속으로는 전인교육이
필요하다고 하면서 아이들에게 오로지 학업 성취의 중요
성만을 강조한다면 안 되겠지요? 교사의 교육관이나 학
생관은 내가 어떤 사람이라는 것을 밝힘으로써 획득되는
것이 아닙니다. 이것은 교사의 실천을 보고 아이들이 느
끼든지, 아니면 먼 훗날 되돌아보며 느낄 수 있는 성질의
것입니다.

●둘, 경쟁을 부추기는 교사

교사가 아이들에게 경쟁을 부추기는 경우가 있습니
다. 옆 반과 비교하여 열심히 공부할 것을 당부하기도 하
고, 청소 상태나 환경 구성, 심지어는 체육 경기에서까지

꼭 이겨야 한다는 강박에 사로잡혀 다른 학급과의 대결 구도를 만들고 이를 학급 단결의 구실로 삼는 경우이지요. 확실히 과거에는 이런 교사들이 능력을 인정받던 때가 있었습니다. 성적에서도 일등, 출결현황도 일등, 체육대회도 일등, 심지어 기억 속에서 아련한 폐휴지 수합에서도 일등…. 빈틈없이 학급을 잘 '관리' 하는 교사들이지요. 아이들은 학급 안에서 서로 경쟁하고 나아가 담임 교사들끼리 경쟁하고…. '지금은 괴로워도 아이들이 성장하면 담임의 의도를 알아줄 거야.' 이렇게 생각하시는지요? 선생님의 학창시절과 지금의 아이들을 바로 비교하지 마십시오. 아이들을 경쟁시키면 아이들에게는 '경쟁을 부추기는 교사' 로만 추억될 뿐입니다.

●셋, 아이들의 의견을 경청하지 않는 교사

아이들이 교사에게 하는 말을 잘 관찰하여 보면 어미 처리가 확실하지 않습니다. 문장을 완전하게 끝맺지 못하고 중간에 얼버무리는 경우가 많다는 이야기지요. 아이들이 교사들과 대화를 나눌 때 자신감을 갖지 못하기 때문입니다. 특히 엄한 선생님일수록 아이들은 극도로 위축되어 가지고 있는 생각을 말로 표현하지 못합니다.

평소에 아이들의 이야기를 즐겨 들어보십시오. 그 내

276

용이 유치하고 선생님의 관심사를 많이 벗어나더라도 인내를 가지고 들어보시면 나름대로 아이들을 이해하는 재미가 있습니다. '우리 선생님은 별 것 아닌 이야기도 끝까지 들어주시는 분이야.' 이런 느낌을 갖게 되면 아이도 대화에 자신감을 갖게 됩니다. 또 아이들의 말을 잘 들어주면 아이의 의도를 파악할 수 있어서 더 효과적인 소통을 할 수 있습니다. 소통의 시작은 아이의 말을 '끝까지, 잘, 들어주기' 입니다.

●넷, 학부모와의 대화 부재

유독 학부모와의 대화를 피하는 교사들이 있습니다. 가정 방문은 물론이요. 학부모가 학교에 방문 오는 것을 꺼리고, 오로지 가정통신문과 아이들의 말에 의존하여 학부모와 제한적으로만 의사소통을 하는 경우이지요. 여러 요인이 있겠습니다만, 학부모와의 짧은 대화가 학생의 지도에 큰 역할을 하는 경우가 꽤 많습니다. 다만, 여전히 교사는 학부모에게 있어 어려운 대상임을 명심하십시오. 아무리 교권이 땅에 떨어졌다고는 하나 학부모가 교사에게 한 번 대화를 요청한다는 것은 대단한 용기를 필요로 하는 일입니다. 교사가 먼저 대화를 요청하시고 가벼운 마음으로 선생님을 찾아올 수 있도록 하십시오. 학교라는 곳이 어려운 곳이 아님을, 학교는 그저 학생과 교사와 학부모가 참여하는 부담 없는 배움터임을 알게 하는 첫 걸음은 '언제든 부담없이 대화를 나눌 수 있는 우리 선생님' 입니다.

● 다섯, 잘못된 개입 방식

아이들에게는 매일 크고 작은 다툼이 있습니다. 교사는 때로 중재자가 되기도 하고 심판자가 되기도 합니다. 선생님들이 많이 쓰는 방법 중의 하나가 다툼이 있는 아이들을 교실 앞으로 불러 다른 아이들이 보는 가운데 잘못 고백, 반성, 화해 이런 순으로 중재를 시도하는 것입니다. 상황을 조기에 종료시키기 위해서 흔히 쓰는 방법이지요. 두 아이의 이야기가 맞지 않으면 '이거, 둘 중의 하나는 거짓말을 하고 있네…' 이런 판단을 먼저 내리기도 합니다. 아이들 각자의 입장에서는 그냥 사실을 말하고 있을 뿐인데 말이죠. 아이들 입장에서 괴로운 것 중의 하나는 '잘못이 없는데 잘못을 인정하라고 하는 것' 입니다. 그리고 이것은 꽤 오래갈 수 있습니다. 종료되었던 줄 알았던 상황이 아이의 마음속에서는 미움을 키우는 씨앗이 될 수도 있습니다.

저는 아이들의 다툼을 화해시킬 때 주로 객관적으로

인정되는 부분에 대해서만 잘못을 인정하고 사과를 권유하는 편입니다. 그렇게 한 가지씩 인정하고 사과를 주고받다 보면 조금씩 마음이 풀리고 화해의 바탕이 마련되지요. 참, 다른 아이들이 보는 앞에서 공개적으로 개입해서는 안 되는 경우가 있습니다. 그럴 때는 꼭 별도의 장소로 불러 중재를 시도해야 합니다.

● 여섯, 행정적으로만 사고하는 경우

학교 일도 그렇지만 학급 업무라는 것이 해도 해도 끝이 없고 완료되었다 싶으면 새로운 일이 터지는 소모적인 일의 연속처럼 생각될 때가 많습니다. 그래서 늘 피곤하고 짜증이 늘어가지요. 선생님들께서는 아마도 교실 상황에서 가장 많은 소진(burn out)을 경험하실 겁니다. 사정이 이렇다 보니 선생님 스스로도 그냥 서류상으로만 완벽을 기하는 쪽으로 자꾸 신경을 쓰게 됩니다.

결석이 잦은 아이는 그저 출석부와 NEIS에만 정확히 입력하면 된다는 사고를 갖는다든지, 학급에서 제출해야 할 문서, 갖춰 놓아야 할 자료 등에 지나치게 신경 쓰는 경우입니다. 아이들에게 무슨 일이 일어나면 먼저 책임 소재부터 따지고, 책임에 따라 적당한 벌을 받으면 된다고 관행적으로 생각하는 교사들이 조금씩 느는 추세입니다. 진심을 담은 교류가 점점 더 힘든 탓도 있습니다.

그러나, 교사가 진정성이 부족할 때 이를 가장 먼저 알아보는 것은 아이들입니다. 서류보다 중요한 것은 내용이고 내용보다 중요한 것은 아이들과의 진심어린 소통입니다.

●일곱, 공부하지 않는 교사

선생님께서는 아이들과의 보다 나은 소통을 위해서, 또 선생님 자신의 전문성 신장을 위해서 공부를 하십니다. 공부의 방식은 대학원 진학도 있고, 직무연수를 이수하는 방법, 다른 교사와의 교류하는 방법 등 꽤 많은 방법이 있습니다. 실제로 많은 선생님들이 과거보다는 더 많은 시간과 비용을 자기 개발에 투자하고 있는 것으로 보입니다. 그럼에도 불구하고 아이들을 좀 더 잘 소통하기 위한 공부에 소홀한 교사들도 여전히 많습니다. 유감스럽게도 '소통방법'만을 따로 뽑아 매뉴얼로 제공하는 것은 없습니다. 또 그런 것이 설사 있다 하더라도 소통은 기술로 해결될 수 있는 것이 아닙니다.

제가 위에 언급한 '공부'는 선생님의 안목을 키우고 아이들을 주체로 볼 수 있는 시각을 갖게 하는 다양하고

도 살아 있는 '경험' 입니다. 독서도 좋고, 여행도 좋습니다. 연극이나 영화감상 혹은 전시회를 자주 보는 것도 매우 좋은 공부 방법 중의 하나입니다. 아이들과 이야기할 거리가 있어야 풍부한 소통이 가능하겠지요?

● 여덟, 언어 사용에 문제가 있는 교사

교사들의 잘못된 언어 사용은 아이들과의 소통을 근본적으로 가로 막습니다. 심한 경우 한 문장 안에 한 개 이상의 폭언, 욕설, 비속어가 들어가는 경우, 학생들과 대화를 할 때 그냥 자신의 이야기만을 강압적, 일방적으로 전달하는 경우 등이 있습니다. 종종 교사들의 언어 사용은 앞뒤 맥락이 모두 잘려지고 '폭언' 그 자체에만 따옴표가 그려져서 아이의 기억 속에 아주 오랫동안 남습니다. 아이가 성장하여 어떤 선생님을 떠 올렸을 때 '상우야'라고 이름을 불렀던 것이 아닌 '야, 못생긴 놈, 너 말이야!' 이렇게 불렀던 선생님으로 기억된다는 일, 유쾌한 것이 아니지요.

● 아홉, 공정하지 못한 교사

사실 제가 알기로 의도적으로 공정하지 않은 교사는 없

습니다. 다만, 공정하지 못하다는 느낌을 아이들에게 주
는 것이지요. 가령 수업 시간을 보다 효율적으로 운영하
기 위해서 본의 아니게 대답이 좀더 쉽게 나올 수 있는 학
생들에게만 질문이나 발표를 시켰다든지 하는 경우가 있
는데 교사는 이것을 공정성의 문제로 접근하지 않지만
―대체로 교사들은 수업 능률 측면에서, 어떤 경우에는
아이들을 오히려 배려한다는 차원에서 이런 방식을 택했
다고 생각하겠지요? ― 아이들은 다릅니다. 아이들의 눈
은 시종일관 선생님의 관심이 누구를 향해서 좀더 많이
주어지는 가를 봅니다. 또 교사가 의식하지 못하는 선입
견, 편견 등이 작용하는 경우도 있습니다. 똑같이 수업시
간에 다투다가 지적을 받는데, 한쪽 아이에게는 '임마,
그렇게 수업에 집중하지 않으니 매번 성적이 그 모양이
지.' 이렇게 꾸중하고, 한쪽 아이에게는 '너는 공부도 잘
하는 아이가 왜 저런 놈이랑 어울려?' 이렇게 말했다고
하면 어떨까요? 공부도 못하는데 차별까지 받는 서러움
과 좌절감, 이런 기억은 정말 오래 간다는 것 아시죠?

●열, 학생들에게만 큰 소리 치는 교사

'학생들에게만 큰 소리 치는' 느낌을 주는 교사라고 인
식되려면 최소한 중학교 고학년은 되어야 파악되는 개념

아닐까요? 더러 중학교 저학년이나 초등학교 고학년 학생들 중에도 이런 느낌을 갖는 아이들이 있겠습니다만. 가령 아이들에게는 현실 비판적인 이야기로 한껏 바람을 집어넣고는 정작 자기 자신은 학교의 작은 개선 요청에 대하여도 말 한마디 못하고 더 나아가 더 없이 순종적인 그런 모습 말이죠. 학생들은 선생님의 모습에서 언행일치를 발견하고 싶어 합니다. 전달하는 것만 교육이 아니라 실천으로 보여주는 것이 더 중요한 교육이지요. 아이들에게는 한 없이 다정하십시오. 아이들과의 바람직한 소통을 가로막는 제도와 불합리한 관행에 대하여는 목소리 조금 높이셔도 됩니다.

●열 하나, 재미없는 교사

열 한번째로 재미없는 교사를 주저 없이 꼽았습니다. 어떤 연구결과에 의하면 학생들이 가장 선호하는 교사가 '재미있는 교사' 라고 합니다. 그 다음에 '실력 있는 교사' 였습니다. 아이들의 눈에 재미없는 선생님으로 찍히지 마십시오. 성인들도 마찬가지지만 하루 종일 재미없는 사람과 생활해야 한다는 것은 고통 중의 고통입니다. 재미있는 교사라 하여 교육적 맥락이 결여된 유머를 남발하라는 것이 아닙니다. 세상을 긍정적으로 바라보는 시각, 아이들을 사랑하는 마음, 낙관적이며 해학적 자세를 가지고 있다면 저절로 재미는 따라옵니다.

통하는 교실을 위하여

위에서 열거한 열한 가지의 통하지 않는 교실의 특징을 보고 그 반대로 하면 통하는 교실이 됩니다. 그러나 하루 아침에 되는 문제는 결코 아닙니다. 제가 통하는 교실을 강조하는 이유가 있습니다. 교실은 선생님의 일터이자 존재 근거가 되는 곳입니다. 선생님을 선생님으로 존재하게 하는 곳, 교실에서의 삶이 고통스러워서야 되겠습니까? 즐겁고 행복한 교단생활이 되기 위해서는 바로 교실이 살아나야 한다는 것입니다. 선생님께서 즐겁고 행복한 교실이라고 느낀다면 아이들은 두말할 나위도 없지요. 행복한 교사에게서 행복한 아이들이 나옵니다. 위에서 말씀드렸듯이 통하는 교실을 저해하는 여러 제약 조건들이 있지만 그 조건들을 개선하는 노력과 함께 교실에서 실천할 수 있는 내용들을 몇 가지 열거하여 보겠습니다.

'저기, 빨간 옷 입은 애, 그 뒤에…. 그래 너 말이야.' 혹시 이렇게 학생들을 불러본 기억이 있으신지요? 선생님께서 나를 '빨간 옷 입은 애도 아니고 그 뒤에 있는 애'로 기억한다는 사실만으로도 아이는 선생님을 싫어할만한 충분한 근거를 확보합니다. 저도 올해로 교직 25년차가 되다 보니 아이들 이름을 외우는 것이 쉽지 않습니다. 그래서 자꾸 이름하고 얼굴하고 맞춰보고 불러보고 그러지요. 이름을 불러주기 전까지 이름은 그 학생임을 나타내는 기호에 불과합니다. 하지만 선생님께서 학생의 이름을 부르는 순간 비로소 생명을 얻어 선생님과 소통을 시작합니다.

● 둘, 아이들의 정보를 풍부하게 알기

대개 학기 초에 아이들의 정보를 수합합니다. 진로지도부에서 마련하는 자기탐색 시간을 이용하여 진로기록장에 기록하여 제출하기도 하고, 따로 환경 조사서 같은 것을 받기도 합니다. 어떤 선생님은 별도의 앙케이트를 만들어서 아이들의 여러 정보들을 취합하기도 합니다. 어떤 경우이든 잘 활용되지 않으면 좋은 정보라 할 수 없겠지요. 학생들과의 상담, 학부모 면담, 또 일상적인 학생지도에서 큰 도움이 됩니다. 단, 선생님께서 알고 있는 정보 중에는 학생의 개인정보에 속하는 것도 있을 수 있습니다. 활용하되, 아이가 상처받지 않도록 세심한 배려가 있어야 되겠지요?

●셋, 교실 환경 변화시키기

과거에는 교실도 획일화, 규격화를 강요당했었지요. 앞을 바라보는 책상 배열, 분단별로 줄맞추기 등등…. 그러나 요즘은 교실의 환경 구성이나 책상의 배치는 오로지 담임선생님과 아이들이 어떻게 합의하느냐 달려 있습니다. 초등의 경우에는 완전히 자유롭게 할 수 있고 다만, 중등의 경우에는 여러 교과의 선생님들이 들어가시기 때문에 다소 어려운 점이 있겠지요. 지금까지 교실 배치는 통상 '관리와 통제'를 염두에 두고 행해져 왔습니다. 그러나 이제 교실 배치는 '학습 효과'와 '공동체의 장'으로서 기능하는 쪽으로 바뀌었습니다.

소통이 가장 잘 이루어질 수 있는 구조로 재구조화해 보십시오. 원형, ㄷ근자 형, 모둠별 배치 등 다양한 방법들이 있습니다. 다만, 제가 근무하는 학교처럼 48-9 명의 학생이 한 반에 들어가 있다면 도리 없이 앞을 바라보는 일제식 강의형 구조가 될 수밖에 없겠군요. 그러니까 질 높은 소통을 위해서 학급 당 학생 수가 줄어야 한다는 것은 대단한 설득력을 갖습니다.

● 넷, 화내지 않기

교사가 아이들 앞에서 화를 내는 경우에는 어떤 것들이 있을까요? 공부에 집중하지 않는 아이들, 도대체 반성이라고는 없이 반복하여 문제를 발생시키는 아이들, 아이들이 선생님 본인을 무시한다고 느낄 때, 학생 사안의 빈번한 발생 등등… 많은 경우가 있겠군요. 교사도 인간이기에 분노를 억제하기 힘들 때가 많습니다. 너무 분노를 가슴 속에 쌓아 두면 병이 되기도 하지요. 화낼 일을 만들지 않는 것이 가장 좋은데 어디 교실이라는 곳이 만만한 곳입니까? 생각대로라면 하루 종일 화만 내고 있어도 모자란 곳이 바로 교실이지요.

그런데 선생님, 선생님께서 한 번 화를 내면 결국 누구만 손해입니까? 선생님의 화내는 모습을 관찰하는 아이들, 심지어는 은근히 즐기는 아이들입니다. 아이들은 선생님의 화로 없던 실천이 생기거나 행동이 교정되지 않습니다. 그냥 '우리 선생님은 화를 잘 내셔.' 라는 이미지만 갖고 가는 겁니다. 따라서 화를 안내는 것이 제일 좋지만 화가 쫙 올라오면 도리 없이 화를 내야 하는데 이때가 중요합니다.

소리 지르지 마시고, 아이들을 저주하지 마시고, 단정적으로 행동에 대한 무시, 판단, 예측, 평가하지 마십시오. 예를 들면 '야, 이 나쁜 놈아.(저주) 너는 매일 지각에다가 복장은 이게 또 뭐니, 너 아주 양아치구나(단정)…너 이렇게 해서 고등학교에나 제대로 들어가겠니?(예측) 내가 너 때문에 아주 못 살겠다… 너희 부모님은 도대체 관심도 없니?' (무시) 이런 이야기 한 번 듣고 나면 아이도 정신이 없죠. 간만에 지각 한 번 했다가 매일 지각하는 놈으로 찍히고 양아치 소리까지 듣고, 고등학교도 못 들어갈 놈으로 낙인찍히는가 하면 이제 부모님까지 무시를 당하는 판이니 말이죠.

화를 잘 내는 방법이 있습니다. 그것은 선생님께서 화가 나 있다는 상태를 아주 객관적으로 드러내는 것입니다. 가급적 차분하게 말이죠. 'OO야, 오늘 또 지각이구나. 선생님은 지금 몹시 화가 났단다. OO가 지난 번 약속을 어기고 또 지각을 했기 때문이지. 그리고 교복을 심하게 줄여 입었구나. 꽉 껴서 불편하지 않니? 선생님 보기에도 불편해 보이는데….' 이런 식입니다.

●다섯, 학급운영 계획에 아이들을 참여시키기

옆 반에서 학급 마무리 잔치를 했다고 아이들이 우리 반도 하자고 아우성입니다. 아이들의 등쌀에 시달리다 못한 담임선생님께서 마지못해 급조한 학급잔치를 벌입니다. 선생님 사비를 털어서 떡도 좀 맞추고 아이들에게 줄 칭찬상도 만들어두었습니다. 악기 연주에 소질이 있는 학생들, 개인기에 능통한 아이들을 섭외하여 짧은 공연도 준비를 했습니다. 또 아이들이 선생님에게 드리는 이야기와 또 선생님이 전하는 이야기 시간에는 잔잔한 음악도 준비해서 분위기를 돋우기로 했습니다. 학급 마무리 잔치는 잘 끝났습니다. 아이들도 만족해하는 눈치입니다. 그러나 누가 봐도 이번 행사는 급조된 일회성 행사였습니다. 기획과 진행까지 모두 선생님께서 처리하시는 바람에 아이들이 소외되었습니다.

학급 잔치와 같은 큰 행사는 학기 초에 연간 학급운영 계획 세울 때에 아이들의 의견을 들어 확정해 놓았어야 합니다. 그래야 차분하게 아이들을 중심으로 역할도 분담하고 준비도 하고 그 과정에서 아이들끼리의 충분한 토론을 통해서 세부 계획들을 마련해 가는 것이지요. 선생님께서는 아이들이 도움을 청할 때 최소한의 범위에서 도움주기를 하시는 겁니다.

연간 학급운영 계획을 세울 때 아이들을 참여시켜 보세요. 무슨 일을 하든 적극적인 아이들의 수가 늘어날 것입니다. 소통의 힘입니다.

●여섯, 학급회의 제대로 하기

'중간고사를 대비하여 수업 분위기 조성하기', '청결한 교실환경 만들기'와 같은 주제는 학급회의를 형식적으로 만드는 주범입니다. 논의의 여지가 별로 없는 안건들이지요. '이번 주말 삼겹살 파티 준비물 정하기' 혹은 '학교 축제에 반대표로 나갈 사람 뽑기' 이런 주제로 학급회의를 하면 어떨까요? 아이들이 눈을 반짝이며 서로 발표를 하겠다고 나설 것입니다. 선생님께서 우려하듯 아이들의 소통 능력이 그렇게 형편없는 것이 아닙니다. 아이들의 소통 능력을 저하시키는 주범은 바로 '형식화된 학급회의 안건'입니다.

아이들이 안건을 잡고, 아이들이 정하게 하십시오. 그리고 정해진 부분에 대하여 책임을 지고 이행할 수 있도록 도와주십시오. 한결 즐겁고 활기찬 교실이 될 것입니다.

●일곱, 아이의 흥미를 인정하는 소통

아침자습 시간의 일입니다. 오늘도 철수는 열심히 지우개 조각을 합니다. 지우개 조각은 철수의 특기거든요. 친구들 이름도 새겨주고 동물 모양도 곧잘 새깁니다. 그렇지만 주변도 지저분하고 칼에 베일 염려도 있어 보이는군요. 보다 못한 선생님께서 한 마디 하십니다. '철수야. 중간고사가 며칠이나 남았다고 아침부터 지우개만 파고 있니? 주변은 또 그게 뭐니? 아주 쓰레기장이구나. 칼에 손이라도 베이면 어쩌려고 그러니? 이제 그만하고 공부해라.' 이 말씀을 듣고 철수는 지우개 조각을 멈추고 억지로 책을 폅니다. 머릿속에는 하다만 지우개 조각으로 꽉 차있지요.

소통을 중시하는 선생님이었다면 이렇게 말씀하셨을 것입니다. '철수야. 오늘도 지우개 조각을 하는구나. 제법 솜씨가 있어 보이는데? 열심히 계속하면 조각가도 될 수 있겠다. 그런데 철수야 주변을 좀 정돈하면서 하면 더 좋지 않겠니? 그래야 손이 베일 염려도 없고… 그리고 시험공부도 소홀히 해선 안 된단다. 알겠지?' 사소한 차이이지만 아이에게 미치는 영향은 실로 크다고 할 수 있습니다. 아이의 흥미를 인정하는 것은 아이로 하여금 선생님과 대화를 나누고 싶은 기분을 만듭니다.

●여덟, 존중과 배려는 소통의 보약

학생이 수업 시간에 거울만 보고 수업에 열중하지 않는 경우를 한 번 생각해 보겠습니다. A 선생님은 수업 시간에는 오로지 수업에만 집중해야 한다고 생각하는 분입니다. 아마도 학생을 향하여 이렇게 이야기하겠죠. '잘~ 한다. 수업 시간에 거울이나 보고 있고…, 호박에 줄그으면 수박된다던?' 무시와 질책을 중심으로 한 소통 방식입니다. 즉시 아이의 행동이 교정된다 하더라도 기분은 상당히 나쁠 것 같네요. 이런 방법은 어떨까요? 'OO야, 거울 안 봐도 넌 예뻐. 너희들 나이 때는 꾸미지 않아도 싱그러움 그 자체란다. 수업시간엔 네 얼굴보다는 선생님 얼굴 좀 봐주면 좋겠구나.' 같은 교실, 같은 상황이라도 교사의 접근 방식에 따라 분위기는 달라집니다.

●아홉, 소통의 장소를 바꾸는 과감한 결단

학교 또는 교실이라는 공간이 주는 상징적 의미가 있습니다. 뭔가 가르치고 배워야 할 것만 같은 책임감과 의무감이 가득하지요. 때로는 대화의 장소를 과감하게 바꾸어 보십시오. 뒷동산도 좋고, 운동장 벤치도 좋습니다. 조금 무리를 하셔서 분식점이나 햄버거집도 좋습니다. 아니면 광장에 나가 아이들과 인라인 스케이트를 즐기는 것은 어떻습니까? 환경이 바뀌면 대화의 소재가 달라집니다. 아이들이 자신의 관심사에 접근하거나 즐거움을 느끼면 말이 많아진다는 것 아시죠? 선생님과 대화를 나눌 때에 즐거움과 행복감을 느끼면 곧 성공하는 소통입니다.

● 열, 민주적 의사소통 능력 키우기

학급에서의 아이들끼리의 소통, 또 선생님과 아이들과의 소통은 이 다음에 아이들이 성장하였을 때 민주적 의사소통 능력을 가진 시민이 될 수 있도록 소양교육을 하는 과정입니다. 이 아이들이 사회 구성원으로 타인을 존중하고 배려하면서 갈등이 생겼을 때 합리적으로 조정하는 능력은 바로 사회의 축소판인 '학급'에서 키워집니다.

선생님께서는 학급의 리더이자 학급 구성원 중 한 명입니다. 때로는 아이들을 이끌어야 할 위치에 있고 때로는 동등하게 구성원의 한 사람으로 의사결정에 참여해야 할 때도 있습니다. 선생님께서 보여주시는 실천 행동 하나하나가 민주적 소양 위에 기초해 있을 때 아이들은 안정감을 가지고 선생님을 모델로 성장해 나갈 것입니다. 학급에서 이루어지는 모든 의사결정이 민주적일 수 있도록 선생님께서 세심하게 신경 써 주셔야 합니다.

칠판에 판서를 시작하면 꼭 뒤에 앉은 학생 중에서 '선생님, 안보여요.' 이렇게 이야기하는 경우가 있습니다. 그럴 때 선생님께서는 어떤 반응을 보이시는지요? '안 보이면 안경을 써라.' 라든지, '앞에 나와서 보려무나.' 이렇게 말씀하십니까? 소통을 가로막는 교사의 말은 아주 사소한 것으로부터 시작됩니다. 아이들이 안 보인다고 이야기하기 전에 '저기 뒷자리 영희야, 이 글씨 잘 보이니?' 이렇게 말씀하셨다면 뒤에 앉은 영희에 대하여 관심을 보임으로써 영희를 신나게 할 수도 있고, 편안한 상태에서 '예, 선생님, 잘 보여요.' 혹은 '선생님, 조금만 크게 써 주세요.' 이렇게 자기 의견을 말할 수 있었을 것입니다. 좀더 구체적인 장면을 떠올려 말씀을 드려 보겠습니다.

〈# 장면 1〉

OO 중학교 수학시간. 수업에 집중하지 않는다는 이유로 한 학생이 불려나왔군요. 수학교사인 김 교사가 묻습니다. "정미야, 너는 오늘 수업에 집중하지 않는구나. 왜 그러니?"

학생은 고개를 숙이고 말이 없습니다. 재차 교사가 묻습니다.

"너는 왜 선생님의 이야기를 무시하니? 대답을 해보라고! 왜 공부는 하지 않고 다른 짓만 하는 거지?"

학생은 무언가 이야기를 하고 싶은 모양이지만 눈치만 볼 뿐 입을 열지 않습니다.

교사는 언성이 조금 높아졌습니다. "너, 나한테 뭐 기분 나쁜 일 있니? 뭐가 불만이야 도대체!"

이제 학생은 무엇이라 말을 해도 상황이 쉽게 수습될 것이라 생각하지 않습니다. 그래서 더욱 무슨 말이라도 하기가 어려워집니다. 드디어 교사는 화가 났습니다.

"이 녀석아! 네가 뭔데 나를 무시해? 너 때문에 수업을 망치고 있잖아! 말로 해서는 안 되겠구나. 너 혼 좀 나볼래?"

계속해서 이어지는 고성과 훈계…. 더욱 말이 없어지는 학생….

〈# 장면 2〉

OO 초등학교 5학년 3반. 철수에게도 청소구역이 할당되어 있건만 담임이 잠깐 교무실에 간 사이 철수는 청소를 하지 않고 '도망'을 갔습니다. 영희는 청소검사를 하러 온 담임에게 상황보고를 합니다. "선생님, 철수가 청소를 안 하고 도망갔는데요…. 그래서 제가 철수의 구역까지 했어요."

다음 날 아침 담임인 박 교사는 교실에 들어서자마자 철수를 부릅니다. "철수야 잠깐 나와 보거라." 철수는 머뭇거리며 박 교사 앞으로 나옵니다. "왜 청소를 안 하고 도망갔니? 네가 청소에서 빠지면 다른 아이들이 힘들다는 것을 모르니?"

철수가 말합니다.

"바빠서 그랬는데요…."

박 교사 기가 막힌다는 듯이

"뭐 바빴다고? 아니 초등학생이 무슨 일이 많다고 바빠서 청소를 빠지고 도망을 가?"

"그게, 저…저기…."

"거봐 제대로 말도 못하면서 청소하기 싫어서 그랬지? 너는 오늘부터 일주일간 벌 청소야."

"일주일이나요? 겨우 한 번 빠진 것뿐인데…."

"허허 이 놈 봐라. 그것도 봐 준거야. 뚜렷한 이유도 없이 청소를 안 하고 도망간 놈이… 잔말 말고 일주일 동안 성실하게 청소해야 해. 만약 선생님이 보기에 열심히 하지 않는다고 생각되면 그때부터 다시 일주일이야!"

장면 1과 장면 2를 통해 보면 김 교사, 박 교사는 학생과 '대화'를 나누고 있다고 보기 힘듭니다. 장면 1에서 학생은 말을 하기 싫거나, 말하기가 힘든 상황이라는 것을 알 수 있습니다. 다시 말해 학생은 교사에게 일종의 '신호'를 보내고 있는 것입니다. '나는 지금 그 어떤 이유로 말을 할 수 없거나 말할 기분이 아닙니다…'라는 신호이지요.

장면 2의 경우 학생은 적극적으로 말을 하고 싶어 하지만 잘 받아들여지지 않습니다. 사실 학생은 왜 청소를 빠졌는지에 대한 이유를 말하고 싶습니다. 그래서 이해받고 싶습니다. 그러나 담임교사는 차분하게 이야기할 기회를 주지 않고 혼자 판단하고 혼자 결정하며 일방적으로 벌 청소를 통보했습니다. 두 장면 모두에서 학생이 느낀 공통점은 무엇일까요? 아마도 '참, 대화가 힘든 선생님이시네…' 정도가 아닐까요?

통상 교과담당 교사는 적게는 수십 명에서 많게는 수백 명의 아이들을 담당합니다. 담임교사 역시 30명 이상의 아이들을 담당합니다. 여기서 쉽게 생각할 수 있는 상식 한 가지. 교사가 아이들을 파악하는 것 보다 아이들이 교사를 파악하는 시간이 훨씬 빠르고 정확하다는 것입니다.

이렇다보니 교사는 종종 잘못된 정보 혹은 미흡한 정보를 토대로 아이에 대한 판단을 내리기 쉽습니다. 그래서 아이들과 제대로 대화하는 방법을 연구해야 합니다. 정보가 부족하면 부족한대로 아이들의 자발성을 인정하면서 대화를 얼마든지 풀어나갈 수 있습니다.

대화는 상호간의 신뢰와 존중이라는 기본 정신만 가지고 있으면 교사와 학생이 모두 '소통이 되고 있구나.'라는 느낌을 가질 정도로 이루어 질 수 있습니다. 그렇다고 인위적으로 각본에 짜인 대화를 하려다 보면 더 어색해질 때가 많습니다.

문제는 대화의 기술(skill)이 아니라 학생 개개인을 존중하고 배려하는 마음입니다. 아이들은 끊임없이 신호를 보냅니다. 그냥 나 좀 봐달라는 신호도 있고, 내 얘기를 들어달라는 신호도 있습니다. 지금은 이야기를 하고 싶지 않다는 신호도 있습니다. 이 모든 아이들의 유언, 무언의 신호에 대하여 교사는 깊이 있는 관심을 가져야 합니다. 아이들과의 대화에서 보이는 교사의 조급성은 소통을 가로막은 제 일의 장애입니다. 이런 의미에서 장면 1과 2를 재구성하여 보겠습니다.

다시 생각해보는 〈# 장면 1〉

OO 중학교 수학시간. 정미는 웬일인지 오늘 수업에 집중하지 못하고 있습니다. 수학교사인 김 교사가 묻습니다.
"정미야, 너 무슨 중요한 일이 있는 모양이구나. 꽤 심각해 보이는 걸?"

정미가 대답합니다.

"아니요, 선생님…. 중요한 일은요. 제가 잠깐 다른 생각을 했나 봐요."

김 교사의 후속타 한 마디.

"그랬구나. 정미야. 선생님은 정미에게 무슨 문제가 있는 줄 알고 걱정했단다. 별 일 아니라니 참 다행이네…. 이제 같이 공부하자…."

정미의 이야기.

"선생님, 걱정 끼쳐 드려서 죄송해요. 수업에 집중할게요…."

다시 생각해보는 〈# 장면 2〉

OO 초등학교 5학년 3반. 철수에게도 청소구역이 할당되어 있건만 담임이 잠깐 교무실에 간 사이 철수는 청소를 하지 않고 '도망'을 갔습니다. 영희는 청소검사를 하러 온 담임에게 상황보고를 합니다.

"철수는 청소 안하고 도망갔는데요…. 제가 철수 몫까지 했어요."

다음 날 아침 담임인 박 교사는 교실에 들어서서 철수에게 다가가 나직한 목소리로 묻습니다.

"철수야 너 어제 많이 바빴니? 청소 검사할 때 안 보여서 선생님이 궁금했는데…."

"예, 선생님 어제 급히 병원에 갈 일이 있어서 선생님께 말씀도 못 드리고 갔어요."

"오, 그랬구나. 병원에 간 일은 잘 되었니?"

"예, 전에부터 가슴이 좀 아파서 병원에 갔는데요. 어제는 검사만 했어요…."

"그래 별 일이 아니었으면 좋겠다. 아마 어제 청소는 영희가 대신해주었던 것 같아…."

"선생님에게도 죄송하고 영희에게도 미안하네요. 어제는 경황이 없어서 전화도 못 드리고…, 앞으로는 꼭 말씀드릴게요. 제가 영희에게 사과하고 다음에는 영희 청소를 제가 도와주고…, 그러면 안 될까요?"

>>참고 문헌

강인애(2002). 우리시대의 구성주의. 서울: 도서출판 문음사.

계현아(2000). 학교교육과정 편성운영의 주체자로서 교사의 전문성과 자율성에 관한 연구. 박사학

위논문. 건국대학교.

곽병선(2001). 교실교육의 개혁과 교사의 수업 전문성. 교원교육연구, 18(1), 1-9.

권태환외(2000). 정보사회의 이해. 서울: 미래M&B.

김병찬(2000). 교사교육에 대한 구성주의적 접근. 교육행정학연구, 18(4), 275-304.

김석희(1999). 리더십 이론의 통합적 접근. 산업경영연구, 7, 5-34.

김옥희, 최인숙(2005). 교사리더십 프로그램. 서울: 한국학술정보.

노종회(1996). 교육개혁을 위한 학교 공동체 구축. 교육행정학연구, 14(3), 64-79.

서경혜(2005a). 반성과 실천: 교사 전문성 개발에 대한 소고. 교육과정연구, 23(2), 285-310.

_____(2005b). 반성적 교사교육의 허(虛)와 실(實). 한국교원교육연구, 22(3), 307-332.

소경희(2003). 교사 전문성의 재개념화 방향 탐색을 위한 기초연구. 교육과정연구, 21(4), 77-96.

_____(2006). 교사 전문성으로서의 '연계적 전문성' 논의가 중등교사양성 교육과정에 주는 함의.

교육과정연구, 24(2), 277-297.

송재희(2007). 소통. 서울: 숨비소리.

양미경(2002). 사이버 공간에서의 교육적 관계 형성의 가능성과 한계. 교육과정연구, 20(3), 173-

190.

염철현(2004). 교사의 리더십. 서울: 도서출판 문음사.

오욱환(2005). 교사전문성. 서울: 교육과학사.

우리교육(2008). 교실 속 갈등상황 100문 101답. 서울: 우리교육.

유영만(2008). 상상하여? 창조하라! 서울: 위즈덤하우스.

유한구(2001). 수업 전문성의 두 측면: 기술과 이해. 한국교원교육연구, 18(1), 69-84.

유현숙(2002). 교사교육에 대한 새로운 요구와 방향. 한국교원교육연구, 19(3), 127-145.

윤정일, 이훈구, 주철안(2004). 교육 리더십. 서울: 교육과학사.

이정선(2000). 초등학교 교직문화에 대한 이해. 교육인류학연구, 3(3), 51-87.

이혁규 외(2007). 수업, 비평을 만나다. 서울: 우리교육.

전석호(2003). 정보화와 뉴미디어. 서울: 태영출판사.

정영수(2006). 미래의 교사교육 탐구. 한국교원교육연구, 23(1), 331-348.

조벽(1999). 새시대 교수법. 서울: 한단북스.

____(2004). 나는 대한민국의 교사다. 서울: 해냄.

조석훈(1998). 수요자 중심 교육체제의 입장에서 교육의 전문성에 대한 재해석. 교육행정학연구,
        16(3), 422-455.

최의창(1998). 학교교육의 개선, 교사연구자, 그리고 현장개선연구. 교육과정연구, 16(2), 373-399.

최해진(2000). 인간행동론. 서울: 도서출판 두남.

한근태(2006). 조직을 죽이고 살리는 리더의 언어. 서울: 올림.

함영기(2002). 바람직한 ICT 활용교육의 이론과 실제. 서울: 즐거운학교.

함영기, 양정호(2003). 인터넷의 일상화에 따른 초등학교 교사 문화 연구. 교육행정학연구, 21(4),
        299-320.

학생생활연구회(2008). 학생생활과 학급운영. 서울: 학생생활연구회

Adam Kahane(2004, 2007). 통합의 리더십. 류가미 역. 서울: 에이지21.

Barbara Gottesman(2000). Peer Coaching Educators. 2nd Edition. Rowman & Littlefield Education.

Bruner. J. (1960). The process of Education. New York: Vantage.

David Buckingham(2003). 미디어 교육. 기선정, 김아미 역. 서울: jnBook.

Dwight W. Allen & Alyce C. LeBlanc(2005). Collaborative Peer Coaching That Improves Instruction.
    California: Corwin Press.

Dewey, J. (1991). How We Think. New York: Prometheus Books.

Etienne Wenger(1998). 지식창출의 사회생태학 실천공동체. 서울: 학지사.

Hargreaves, A. & Michael Fullan(2000). Mentoring in the New Millennium. Theory onto Practice,
    39(1), 50-56.

Hargreaves, A. (2000). Four ages of professionalism and professional learning. Teachers and
    Teaching: History and Practice, 6(2), 151-182.

Hubert L. Dreyfus(2001). 인터넷상에서. 정혜옥 역. 서울: 동문선 현대신서.

John White(1990). 교육목적론. 이지헌, 김희봉 역. 서울: 학지사.

Judy Reinhartz, Don M. Beach(2004). 교육혁신 리더십, 변하는 학교 · 변하는 역할. 김정일, 최은
    수, 기영화 역. 서울: 아카데미프레스.

Kouichi Suwa(1996). 교사의 마음을 제대로 전하는 대화의 기술. 오근영 역. 서울: 양철북.

Lortie, Dan C. (1993). 교직사회: 교직과 교사의 삶{Schoolteacher: A Sociological Study}(진동섭 역).
    서울: 양서원(원전은 1975년 출판).

Martin. E. P. Seligman(2004). 긍정심리학. 김인자 역. 서울: 도서출판 물푸레.

Michael Fullan & Andy Hargreaves(2006). 학교를 개선하는 교사. 최의창 역. 서울: 도서출판 무지
    개사.

Michael W. Apple(1993). 학교지식의 정치학, 보수주의 시대의 민주적 교육. 박부권, 심연미, 김수연 역. 서울: 우리교육

Pam Robbins(1991). How to plan and implement a peer coaching program. Alexandria: ASCD.

Schon, D. A. (1983). The reflective practitioner: How professionals think in action. New York: Basic Books.

_____ (1987). Educating the reflective practitioner; Toward a new design for teaching and learning in the professionals. San Francisco: Jossey-Bass.

Thomas Gordon(1974). 교사 역할훈련. 김홍옥 역. 서울: 양철북.

Thomas J. Sergiovanni(1992). 도덕적 리더십. 주삼환 역. 서울: 시스마프레스.

■ 단행본 집필과 관련하여 인터뷰에 응해주신 교컴 회원 선생님들(무순, 일부는 교컴 닉네임)

황하선, 이문경, 김정희, 김미연, 맹경희, 김은정, 김상호, 장연신, 우리나무, 조경환, 최항임, 양명윤, 문성요, 황시형, 공미란, 오민정, 장윤경, 서촌, 전승환, 이주이, 김연덕, 김창수, 조성탁, 흐르는물처럼, 김연덕, 안미선, 김성희, 정희경, 이영숙, 배예준, 김종훈, 조윤곤, 신호현, 연, 그라미, 원은숙, 최귀정, 정미순, 김창현, 장윤경, 채인식, 김미정, 정미순, 서은영, 이국환, 김경하, goodw, 장경진, 이영숙, 김호연, 김종훈, 김미정, 김태영, 장선미 선생님